Les meilleures méthodes

D'AUTO-HYPNOSE

pour

ARRÊTEZ DE FUMER

Éditions **Exclusif**
60, avenue Charles-de-Gaulle
92200 Neuilly-sur-Seine.
Tél. : 01.46.43.09.24.
E-mail : exclusif.edit@wanadoo.fr

Imprimé en France

I.S.B.N. : 978-2-8489-1207-3

Carole Rodier

Les meilleures méthodes

D'AUTO-HYPNOSE

pour

ARRÊTEZ DE FUMER

Editions EXCLUSIF

Avant-propos

LE GESTE ET L'HABITUDE

Les effets nocifs du tabac sont actuellement bien connus, aussi bien pour l'utilisateur que pour son entourage. Le sevrage est difficile, car le tabac est une drogue que certains prétendent douce mais qui serait plutôt à classer parmi les drogues dures car elle engendre une accoutumance difficile à vaincre.

UN SEVRAGE DIFFICILE

Arrêter n'est pas difficile en soi, c'est même déconcertant de facilité.

Se désintoxiquer de la nicotine est assez rapide, quelques jours au plus. Plus difficile sera d'apprendre à se débarrasser du geste et de l'habitude.

PLUS FORT QUE LA NICOTINE : LE RITUEL

Il faut apprendre à ne plus être fumeur, se priver du rituel et du semblant d'assurance qu'apporte la cigarette et c'est cela le plus difficile. Toute l'image corporelle et sociale s'en trouve modifiée. Apprendre à être différent. Apprendre à être soi-même.

La nicotine est, par ailleurs, un dopant intellectuel apportant une énergie artificielle, tout comme la caféine à laquelle elle est souvent associée.

Le fumeur qui arrête se sentira donc un peu fatigué, et un peu mou au début du sevrage.

Comme pour toute drogue, l'arrêt doit être complet et définitif. Pas même une toute petite lors d'une soirée ou lorsque l'on vous en offre une gentiment. La rechute est lente, insidieuse, mais généralement inexorable.

Le tabac, c'est tout ou rien : il n'y a pas de milieu !

Je vous propose donc de gagner ce parcours du combattant en 3 étapes. Si vous n'en grillez aucune, je vous garantis une victoire éclatante sur votre fausse amie en robe blanche.

PREMIÈRE ÉTAPE : LE DÉCONDITIONNEMENT MENTAL

- Prise de conscience des méfaits du tabac et des nuisances qu'il représente pour vous et pour votre entourage.
- Décision motivée et choix indispensable du jour J.

DEUXIÈME ÉTAPE : LES AIDES NATURELLES AU SEURAGE

Découverte des remèdes naturels qui facilitent le sevrage.

- Les plantes et leurs préparations.
- L'aromathérapie.
- Les fleurs de Bach.
- Les cures de gélules.
- La thalasso et le thermalisme.
- L'auriculothérapie.

TROISIÈME ÉTAPE : LES TECHNIQUES DE SUGGESTION

- La relaxation.
- La méditation.
- Les mandalas.
- Le training autogène.
- L'hypnose.
- L'auto-hypnose.
- Les phosphènes.
- Les dessins actifs.

Bonne lecture !

PREMIÈRE PARTIE

MOTIVATIONS ET DÉCISION

Avant de choisir la date cible,
celle qui marque le début réel du sevrage,
vous devez identifier vos motivations
et apprendre à casser les circuits infernaux
qui amènent inévitablement les rechutes.
Un véritable parcours du combattant
que nous allons gagner, ensembles.

Chapitre 1

POURQUOI JE VEUX ARRÊTER DE FUMER

Pour retrouver ma santé ❐ Pour me libérer et libérer mes proches ❐ Comment le tabac agit sur mon cerveau, mes yeux, ma peau, ma gorge, ma bouche, mes dents, mes poumons ❐ Ses méfaits sur la virilité et la fertilité ❐ Grossesse et tabac ❐ Arrêter de fumer fait-il grossir ?

J'ai des quintes de toux le matin au réveil. Au moindre coup de froid je choppe une bronchite. Je m'essouffle au moindre effort. Je ne peux plus faire de sport ni monter les escaliers sans avoir le cœur qui bat la chamade. Bref! Je suis un handicapé de la vie qui imagine le pire chaque fois qu'il allume une cigarette.

POUR RETROUVER MA SANTÉ

J'ai même acheté un étui pour éviter de regarder ce qui est écrit sur le paquet car les mots alimentent ma peur sans pour autant m'inciter à arrêter. Ils me semblent, en effet plus redoutables, par leur charge négative, que ma funeste dépendance. Je vis en permanence dans un climat plaisir/peur/culpabilité qui ne favorise pas mes rapports avec mon entourage.

POURTANT JE SAIS QUE...

- 3 jours suffiront pour que le taux d'oxyde de carbone se normalise et que mon organisme retrouve une meilleure capacité d'oxygénation.

- En 1 ou 2 ans mon risque cardio-vasculaire diminuera sensiblement (baisse de 50 % du risque de l'infarctus du myocarde après 1 an d'arrêt).
- En 5 à 10 ans, le risque de cancer du poumon baissera fortement (50 à 90 % de diminution du risque après 15 à 20 ans). En 10 ans, le risque est équivalent à celui des non-fumeurs pour les cancers des lèvres, de la bouche et du pharynx.
- Après 10 à 15 ans environ, mes affections respiratoires chroniques diminueront de 60 %.
- L'évolution de mon emphysème sera stoppée à court terme.
- Je retrouverai rapidement ma capacité pulmonaire (souffle, sport).
- Mes quintes de toux matinales diminueront en fréquence et en intensité.
- Ma voix s'améliorera et mes enrouements disparaîtront.
- Mon goût et mon odorat réapparaîtront dans les 2 semaines suivant l'arrêt du tabac.

- Ma peau paraîtra plus jeune et moins grise.
- Mon exposition aux risques infectieux s'amenuisera.
- Les mauvaises odeurs disparaîtront (mauvaise haleine, odeur de tabac froid sur les cheveux et les vêtements, dans l'appartement, la maison et la voiture).
- Une fois nettoyés, mes doigts et mes dents ne reviendront plus jaunes.

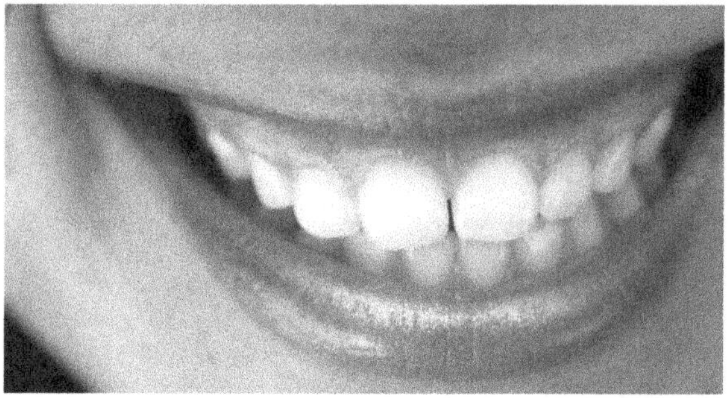

- Ma fatigue s'estompera. Ma forme physique et mon état général s'amélioreront.
- Après 15 à 20 ans d'arrêt, mon espérance de vie sera pratiquement celle d'un non-fumeur.

POUR ME LIBÉRER ET LIBÉRER MES PROCHES

- Pour ne plus avoir 10, 20 ou 50 km à parcourir en pleine nuit ou les jours fériés à la recherche d'un bureau de tabac ouvert.
- Pour ne plus souffrir de ces réunions interminables où j'ai dû sortir pour fumer parce que j'étais en manque
- Pour ne plus me sentir diminué sur le plan sportif, intellectuel, sexuel…
- Pour préserver la santé de mes enfants et de mes proches que j'intoxique avec ma cigarette.
- Pour ne pas entrer dans les statistiques des catastrophes sachant que 33 % des incendies sont dus à des fumeurs (mégots mal éteints dans une poubelle, moment d'inattention une cigarette à la main…).

TABAC ET GROSSESSE

Continuer à fumer pendant la grossesse implique de nombreux risques désormais identifiés par les médecins.

- Le tabagisme actif et passif est associé à un allongement du délai avant une grossesse.

- Pendant la grossesse, le risque de grossesse extra-utérine, de fausses couches est fortement augmenté.
- En cas de tabagisme maternel, le risque d'accouchement prématuré est plus important.

- Les naissances avant terme restent la principale cause de mortalité infantile et de complications neurologiques et de troubles du développement.

Une étude américaine a démontré que des mutations génétiques sont induites in utero par le tabagisme.

- Les mères exposées à la fumée de cigarette de leur conjoint durant la grossesse mettent au monde des nouveau-nés présentant plus fréquemment que les autres une "défaillance" génétique de leurs cellules immunitaires. Ces nourrissons pèsent, en moyenne, 150 grammes de moins à la naissance.

- ◆ Après la naissance, plus de 18 % des décès dus au syndrome de mort subite du nourrisson seraient attribuables au tabagisme de la mère.

- ◆ Les bébés des mères fumeuses souffrent plus facilement d'asthme et autres affections respiratoires (rhinopharyngites, pneumonies, bronchites), mais également d'otites…

ARRÊTER DE FUMER FAIT-IL GROSSIR ?

Une personne sur trois prend du poids. Une autre reste stable. Quant à la troisième, elle en perd à cause de son programme d'exercices physiques ou de son régime alimentaire.

L'ajout d'un ou de deux kilos représente bien peu comparativement à l'amélioration de santé.

Toutefois, si vous craignez de prendre du poids, voici quelques conseils.

- ◆ Mangez lentement et mastiquez bien, vous retrouverez ainsi la pleine saveur des aliments.
- ◆ Buvez beaucoup d'eau.
- ◆ Prenez un bon petit-déjeuner.
- ◆ Réduisez vos portions du tiers et prenez une assiette plus petite, vous aurez ainsi l'impression de manger autant.
- ◆ S'il survient une fringale entre les repas, mangez un fruit ou "fumez" une carotte ou une branche de céleri.
- ◆ À la maison, prenez toujours vos repas et vos collations dans la même pièce : cela vous évitera de grignoter.

Sachez aussi que recommencer à fumer parce que vous avez pris du poids ne vous fera pas maigrir...

Si vous avez cessé de fumer avec succès, vous serez certainement capable de perdre les quelques kilos en trop au moment opportun.

COMMENT LE TABAC AGIT SUR MON CERVEAU

Le risque d'accident vasculaire cérébral lié au tabagisme est proportionnel à la consommation de cigarettes.

Le tabagisme multiplie le risque normal par 3. Néanmoins, le sevrage est rapidement suivi d'un retour à la normale.

Le tabagisme passif pourrait également figurer au rang des coupables.

QUAND NICOTINE RIME AVEC DÉPRIME

Plus étonnant, une étude américaine estime que **la cigarette pourrait favoriser les déprimes ou les états dépressifs.** Une idée plutôt iconoclaste car on pense généralement que c'est la déprime qui entraîne le tabagisme et non l'inverse.

Le mécanisme reste à élucider, mais plusieurs pistes existent. Les chercheurs émettent l'hypothèse selon laquelle la nicotine se fixe sur des récepteurs synaptiques dans le cerveau et provoque des modifications du métabolisme au sein du système nerveux central.

Cette action délétère de la nicotine en particulier sur l'hippocampe a été confirmée sur des rats par une équipe de l'INSERM. Leurs capacités d'apprentissage et de mémoire auraient été réduites. Néanmoins, ce point reste controversé.

COMMENT LE TABAC AGIT SUR MES YEUX ET SUR MA PEAU

La fumée de cigarette est souvent à l'origine d'irritations, de conjonctivites, de problèmes d'yeux larmoyants… Son rôle est également soupçonné dans la survenue des cataractes. Une étude française nommée POLA 2, menée sur 2 196 personnes, a montré une augmentation du risque de dégénérescence de la rétine chez les personnes qui fumaient depuis plus de 20 ans.

En France, près de 1,3 million de personnes sont atteintes de cette affection oculaire invalidante, privant celui qui en souffre de sa vision centrale. Elle empêche ainsi de lire, de conduire ou de regarder la télévision. Le tabac est la première cause de cécité chez les personnes âgées de plus de 50 ans.

L'ALTÉRATION CUTANÉE

Tout comme les rayonnements solaires ultra-violets, le tabagisme entraîne un vieillissement accéléré de la peau, en particulier au niveau du visage.

Selon une récente découverte, le tabac agirait en activant un gène dit MMP-1 responsable de l'altération cutanée :

- perte de l'élasticité,
- rides précoces,
- teint terne,
- pores dilatés…

COMMENT LE TABAC AGIT SUR MA BOUCHE, MA GORGE ET MES DENTS

Les cancers de la cavité buccale sont favorisés par le tabagisme, qu'il s'agisse de la cigarette, de la pipe, du cigare ou même du tabac à chiquer.

Selon le nombre de cigarettes, les fumeurs sont 2 à 6 fois plus susceptibles de mourir suite à un des divers cancers de la bouche.

Les tumeurs cancéreuses les plus fréquentes dans la bouche se développent sur la langue, sur les gencives ou sur le plancher de la bouche. Le mélange tabac/alcool augmente encore plus les risques de développer ce type de cancers, ainsi que ceux du larynx et de l'œsophage.

...

PRÉSERVEZ VOTRE CAPITAL SOURIRE

Outre le jaunissement des dents et la modification de la voix (attaque des cordes vocales), la cigarette entraîne des maladies des gencives.

Enfin, le tabagisme passif augmenterait le risque de caries chez les jeunes enfants. Les chercheurs pensent, en effet, que la nicotine favoriserait la croissance des bactéries à l'origine des caries…

Alors si vous voulez toujours préserver votre capital sourire ainsi que celui de vos chérubins, **laissez tomber la cigarette !**

COMMENT LE TABAC AGIT SUR MES POUMONS ET MES BRONCHES

Le tabac est responsable de 90 % des cancers du poumon, qui reste le plus meurtrier des cancers. Selon les données américaines, 24 % des fumeurs développeront un cancer.

Mais tout comme le tabagisme, ce cancer n'est plus l'apanage des hommes. Il est même en passe de devenir le premier cancer féminin, devant celui du sein. **Sa fréquence a augmenté de 20 % en cinq ans.**

Le tabagisme est également à l'origine de la majorité des bronchites chroniques pneumo-obstructives, des emphysèmes... Les symptômes de ces affections pulmonaires restent longtemps minimisés par le patient, et handicapent ainsi le pronostic.

La bronchite chronique est responsable chaque année de 20 000 décès et le cancer du poumon de plus de 27 000.

LES JEUNES ET LA CIGARETTE

La cigarette est séduisante car elle symbolise une transgression de l'interdit. Aussi, ne cédez pas au chant des sirènes, refusez la première cigarette car (permettez-moi cette Lapalissade) : la meilleure façon de s'arrêter c'est encore de ne jamais commencer !

COMMENT LE TABAC AGIT SUR LA VIRILITÉ ET LA FERTILITÉ

Cigarette au bec, le cow-boy américain a longtemps véhiculé à l'écran l'image de la virilité. Mais parmi les nombreux problèmes qu'occasionne le tabagisme, les troubles sexuels et la baisse de la qualité des spermatozoïdes apparaissent aujourd'hui comme évidents.

La cigarette augmente le risque de développer une impuissance sexuelle. En altérant les systèmes cardiovasculaires, nerveux et hormonal, le tabagisme agit sur tous les tableaux et multiplie par deux le risque de dysfonctionnement érectile.

Plus le tabagisme est prolongé, plus les effets sur a santé sexuelle sont notables. Cependant, un arrêt tabagique permet généralement d'améliorer sa capacité érectile.

L'action du tabac est également plus pernicieuse en agissant sur la qualité de l'éjaculât. En janvier 2022, une étude de l'Université de Singapour visant à déterminer les facteurs associés à l'infertilité masculine témoignait de la mauvaise influence du tabac.

Une conclusion confirmée en juin 2023 par des chercheurs chinois ayant suivi 300 patients dans une clinique traitant les problèmes de fertilité : le tabagisme affectant le volume, l'acidité, la densité de l'éjaculât et la viabilité et vitalité des spermatozoïdes.

Chapitre 2

COMMENT PRÉPARER LE SEVRAGE EN DOUCEUR

Changer vos habitudes ❐ Les symptômes de l'état de manque ❐ Conseils pour éviter la tentation ❐ La date cible ❐ Testez votre degré de dépendance ❐ Comment aider un fumeur pendant sa cure de sevrage.

BANNISSEZ LA ROUTINE

- Choisissez une marque à basse teneur en goudron et en nicotine. Cela vous aidera à réduire votre dépendance physique à l'égard de la cigarette.
- Lorsque vous avez envie de fumer, attendez 5 minutes avant d'allumer votre cigarette.
- Décidez à l'avance du nombre de cigarettes que vous allez fumer durant votre journée.
- N'achetez plus vos cigarettes à la cartouche mais au paquet.
- Placez votre paquet de cigarettes dans un endroit différent de celui où vous avez l'habitude de le ranger.
- Videz moins souvent vos cendriers et laissez-les bien en vue.
- Ne fumez pas de manière automatique : prenez le temps de vous rendre compte que vous fumez.

- Visualisez vous en train de vivre différentes situations (sortie, réunion d'amis...) sans vos cigarettes.

Cet exercice vous permettra de développer de nouvelles façons de réagir en situation de manque et d'acquérir une attitude plus positive pour cesser de fumer.

- Retardez votre première cigarette du matin, c'est celle qui déclenche votre besoin en nicotine.

NOTEZ TOUT ET TROUVEZ DES PARADES

Une semaine avant la date cible que vous vous êtes fixé : notez sur une feuille les situations où vous fumez et le nombre de cigarettes que vous consommez :

- durant un repas,
- une pause-café,
- au téléphone,
- durant un moment de détente, de plaisir,

- lorsque vous vivez une situation de stress.
- lorsque vous êtes au travail, à la maison…

Prévoyez des activités de substitution qui vous occuperont pendant ces périodes, lorsque vous aurez cessé de fumer.

Exemples
- Converser avec quelqu'un.
- Mâcher de la gomme sans sucre.
- Manipuler un crayon.
- Se lever et faire quelques pas.
- Boire de l'eau.

Planifiez votre première journée d'arrêt **en dressant la liste des activités que vous aimeriez faire.** Vous aurez ainsi moins de temps pour penser à la cigarette.

EXERCICE DE RESPIRATION

Inspirez par le nez en comptant mentalement jusqu'à 3, retenez 2 secondes et expirez par la bouche en comptant mentalement jusqu'à 3.

Cet exercice simple et très efficace doit être répété dès que vous avez envie de fumer ou que vous êtes stressé.

Il faut de 3 à 5 jours à votre organisme pour éliminer la nicotine. En buvant beaucoup de liquide, vous faciliterez son élimination par les urines.

Durant cette période, plusieurs symptômes de sevrage peuvent faire leur apparition, au fur et à mesure que votre organisme se "refait".

COMMENT CHANGER VOS HABITUDES

Donnez-vous de solides raisons de cesser de fumer en faisant une liste des 5 plus importantes. Affichez-les bien en vue et relisez-les fréquemment.

Observez les habitudes que vous avez développées comme fumeur.

Exemples

- Se préoccuper d'avoir des cigarettes en quantité suffisante.
- Fumer après un effort physique.
- Courir pour trouver un briquet ou des allumettes…

Décidez fermement de cesser de fumer et adoptez une attitude positive. Abandonner la cigarette, c'est…

- Se libérer d'une dépendance.
- Augmenter son estime personnelle.
- Améliorer sa vitalité et son apparence.

Identifiez ensuite les situations et les événements qui vous amènent à fumer au cours d'une journée. L'envie de fumer est déclenchée par un besoin de nicotine, mais surtout par des situations et des émotions précises.

- La difficulté d'entamer une journée.
- La détente après un repas.
- Le stress des moments de solitude.
- L'excitation des rencontres sociales…

En connaissant mieux ces moments où vous fumez, vous pourrez ensuite trouver des activités qui remplaceront votre routine de fumeur.

LA DATE CIBLE

Fixez-vous une date cible pour arrêter.

Exemples

- Votre anniversaire.
- Le premier jour de l'année.
- Un moment mémorable.

Si vous fumez au travail, **profitez de vos vacances pour vous libérer de la cigarette**. Faites en sorte que ce soit une date "sacrée", que rien ni personne ne pourra changer.

- Commencez à vous mettre en forme physiquement par un régime modéré d'exercices, par exemple : 15 minutes d'activité physique trois fois par semaine.

Faites-le seul ou si vous avez besoin de l'appui moral d'un groupe, inscrivez-vous dans un club ou une équipe sportive.

- Plusieurs centres de conditionnement offrent des programmes d'évaluation de votre capacité physique et peuvent vous proposer des exercices adaptés à vos besoins.

Le sevrage est un processus difficile où l'intervention d'un tiers peut vous aider à maîtriser à la fois les composantes comportementale et pharmacologique de la dépendance. **On est plus fort à deux que seul.**

- Si c'est possible, associez-vous avec une personne au travail et avec une autre à l'extérieur.

◆ Choisissez de préférence des personnes qui ne fument pas et assurez-vous que vous pourrez rapidement les contacter lorsque vous aurez envie de fumer.

COMMENT AIDER UN FUMEUR REPENTI

Le rôle de l'entourage est capital dans le sevrage aussi certains se demandent comment ils peuvent aider leurs proches à passer le cap : Les réponses du Dr Guibal, spécialiste de la lutte antitabac.

❐ **Ma femme vient d'arrêter de fumer, qu'est-ce que je peux faire pour elle ?**

La première chose que vous pouvez faire est de rester attentif, de prendre le temps de l'écouter, car les fumeurs en cours de sevrage sont souvent obsédés par la cigarette. Ensuite, il faudra faire preuve de patience devant quelques crises d'irritabilité ou d'angoisse. Dans ces moments-là, pensez que le sevrage physique de la nicotine ne dure pas longtemps.

❒ Un de mes enfants s'est arrêté de fumer, j'ai caché tous les cendriers et je lui demande tous les soirs s'il n'a pas craqué. Est-ce que je peux faire autre chose pour l'aider ?

Si vous voulez aider votre enfant à s'arrêter définitivement, il ne faut pas prendre en charge son tabagisme, il doit s'en occuper lui-même. Vous pouvez le soutenir en l'écoutant, pas en le questionnant. Attendez qu'il en parle lui-même, soyez attentif à ces moments de doute et proposez-lui alors des activités. Ne faites pas du tabac le centre de vos moments en commun.

❒ Mon mari a arrêté plusieurs fois. Je veux qu'il y arrive vraiment cette fois, qu'est-ce que je peux faire pour lui ?

Les rechutes sont des étapes normales dans l'arrêt définitif du tabac. Aidez-le à comprendre pourquoi il a rechuté, cela l'aidera à ne pas le faire cette fois-ci.

Encouragez-le, dites-lui bien que s'il a réussi plusieurs fois à vivre sans tabac, c'est qu'il peut le faire.

Peut-être pouvez-vous aussi évoquer ensemble ce week-end que vous allez passer ensemble au bord de la mer, ou ce bon repas que vous ferez à la fin du premier mois, avec les économies qu'il a faites et pour le récompenser de ses efforts.

L'arrêt du tabac ne doit pas entraîner que des moments désagréables…

❐ Mon mari fume des cigarettes légères, il dit que c'est moins nocif pour la santé : est-ce vrai ?

Il est faux de croire que les cigarettes légères sont moins dommageables pour la santé. Au contraire, certaines études démontrent qu'elles contiennent les mêmes substances chimiques que les cigarettes ordinaires. De plus, les pores de ventilation des filtres sont souvent obstrués par les doigts des fumeurs, ce qui laisse passer le goudron et par conséquent la nicotine en quantité équivalente aux cigarettes régulières.

LES SYMPTÔMES DE L'ÉTAT DE MANQUE

Les premiers symptômes de la dépendance à la nicotine peuvent apparaître dans les jours suivant les premières cigarettes, en quelques semaines tout au plus.

Après inhalation de la fumée, la nicotine atteint le cerveau en une dizaine de secondes. **Elle va se fixer sur les neurones du cerveau et cela pendant 2 heures.**

Ensuite ces cellules, une fois privées de nicotine, déclenchent les symptômes physiques du manque.

- Brûlures d'estomac.
- Douleurs abdominales.
- Maux de tête.
- Picotements de la peau.
- Sommeil capricieux.
- Mauvaise humeur…

Ces manifestations sont temporaires et marquent le début d'une meilleure santé.

Pour vous aider à soulager les effets secondaires de l'état de manque, rien de tel que les bonnes plantes de Mamé Tisane : voir chapitre les plantes du sevrage.

CONSEILS POUR ÉVITER LA TENTATION (1)

◆ Éliminez les cigarettes, les cendriers et les briquets qui se trouvent chez vous et à votre travail. Les conserver pourrait vous causer des tentations inutiles.

◆ Évitez les déclencheurs : café, thé, boissons sucrées et alcoolisées. Ce sont des substances excitantes trop souvent associées à la cigarette.

◆ Si vous sentez une augmentation de stress, ou une envie de fumer, contrôlez-les par l'exercice de respiration proposé page précédente.

Durant les premiers jours :

◆ Rappelez-vous que vous cessez de fumer une journée à la fois.

◆ Évitez les situations qui représentent des sources de tentation.

◆ Quittez la table rapidement après un repas.

◆ Demandez une place dans la “section non-fumeurs”, si vous allez au restaurant.

◆ Trouvez dans votre entourage des amis, de préférence ex-fumeurs. Demandez-leur conseil et n’hésitez pas à les déranger, si une rage de cigarettes vous envahit.

◆ N’hésitez pas à demander aux personnes qui fument de s’abstenir de fumer en votre présence. Elles accepteront facilement si vous leur expliquez la période que vous traversez.

CONSEILS POUR ÉVITER LA TENTATION (2)

Soyez particulièrement sur vos gardes à certaines heures de la journée (15 h 30 à 16 h 30) et à certains moments de la semaine (la troisième journée d'arrêt).

Les expériences ont démontré que la tentation de fumer est plus forte au cours de ces périodes.

◆ Si vous avez besoin d'occuper vos mains, manipulez un crayon, un porte-clés.

◆ Si vous êtes fatigué, faites des exercices d'étirement ou faites une promenade.

◆ Vous réduirez votre stress en pratiquant 15 minutes d'activités physiques 3 fois par semaine ou en écoutant une musique de relaxation accompagnée d'exercices de détente musculaire.

TOUS ÉGAUX FACE AU SEVRAGE

Certaines pensent qu'il est plus difficile pour les femmes d'arrêter de fumer que pour les hommes.

Cette idée reçue est fausse. Les femmes sont tout aussi aptes à se débarrasser de cette dépendance que les hommes.

Elles expriment plus ouvertement leurs symptômes de sevrage que les hommes, ce qui ne veut pas dire que ces symptômes soient plus importants ou insurmontables.

TESTEZ VOTRE DEGRÉ DE DÉPENDANCE (1)

Avant de vous lancer dans la grande aventure du sevrage, testez votre degré de dépendance à la cigarette grâce aux 6 questions du **Test de Fageström** utilisé par tous les centres anti-tabac.

1. QUAND FUMEZ-VOUS VOTRE PREMIÈRE CIGARETTE ?

Après votre réveil

Dans les 5 premières minutes	❐	3 pts
Entre 6 et 30 minutes	☒	2 pts
Entre 31 et 60 minutes	❐	1 pts
Après 60 minutes	❐	0 pts

2. AVEZ-VOUS DU MAL À NE PAS FUMER LORSQUE C'EST INTERDIT ?

Non	☒	0 pts
Oui	❐	1 pts

3. À QUELLE CIGARETTE SERAIT-IL, POUR VOUS, LE PLUS DUR DE RENONCER ?

La première, le matin	☒	1 pts
Une autre	❐	0 pts

4. COMBIEN DE CIGARETTES FUMEZ-VOUS PAR JOUR ?

11 à 20	☒	1 pts
21 à 30	❐	2 pts
31 et plus	❐	3 pts

5. FUMEZ-VOUS DAVANTAGE DANS LES HEURES SUIVANT LE RÉVEIL QU'APRÈS ?

Non	❐	0 pts
Oui	☒	1 pts

6. FUMEZ-VOUS QUAND VOUS AUTANT QUAND VOUS ÊTES MALADE OU ALITÉ ?

Non	☒	0 pts
Oui	❒	1 pts

TEST DE FAGESTROM : LE VERDICT

◆ Si votre score est supérieur à 7 points, vous êtes très fortement dépendant.

◆ Entre 4 et 6 points, vous êtes dépendant.

◆ Entre 0 et 3, vous êtes peu ou non dépendant à la nicotine.

IDENTIFIEZ VOS MOTIVATIONS

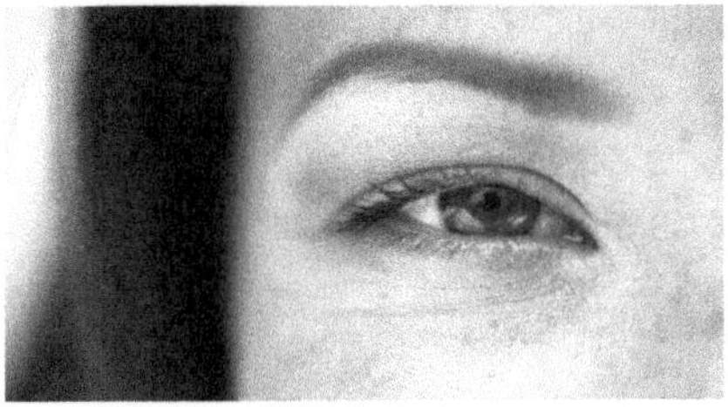

Pour arrêter, il faut d'abord identifier vos motivations personnelles. Pouvez-vous, par exemple, résumer votre motivation en 3 mots ?

Voici quelques pistes :

◆ Le désir d'atteindre un objectif personnel, familial ou professionnel, dans lequel le tabac n'a plus de place.

◆ L'image que vous souhaitez donner de vous-même.

◆ Le refus de vous sentir diminué sur le plan sportif, intellectuel, sexuel, par rapport à un état antérieur.

◆ Votre “ras-le-bol” de fumer et le refus de l’esclavage.

◆ Le besoin d’avoir un comportement cohérent avec ce que vous représentez, avec votre profession,

Cernez vos motivations, répertoriez-les : **c’est un premier pas vers le succès.**

DEUXIÈME PARTIE

LES AIDES NATURELLES AU SEVRAGE

La volonté : c'est essentiel.
L'auto-hypnose : c'est très efficace.
Mais les effets secondaires du sevrage
peuvent, malgré tous vos efforts,
vous empoisonner la vie au quotidien.
Les plantes. Les essences de fleurs.
Les cures, la thalasso à domicile
et autres remèdes naturels
peuvent vous aider, en douceur, à réussir
votre challenge. Ne vous en privez pas !

Chapitre 3

LES 5 PLANTES DU SEVRAGE TABAGIQUE

La valériane anti-stress ❒ L'achillée contre les brûlures d'estomac ❒ Le coquelicot contre les troubles du sommeil ❒ La mélisse contre les maux de tête ❒ Le millepertuis contre les picotements de la peau.

Quelle que soit la méthode utilisée pour vaincre votre dépendance au tabac, quelques effets secondaires sont inévitables. Le stress, la mauvaise humeur, les maux d'estomac, le sommeil capricieux, les picotements de la peau : des petits bobos irritants, certes, mais faciles à soulager grâce à 5 bonnes plantes qui vont adoucir le sevrage.

1. LA VALÉRIANE : CONTRE LE STRESS ET LA MAUVAISE HUMEUR

Originaire des pays occidentaux la Valériane est déjà connue pour supprimer les troubles du sommeil et de l'anxiété. Dans les cures anti-tabac, elle évite l'énervement et les angoisses liés au sevrage.

Son nom vient du latin *valer* qui signifie *bien se porter* (d'où son surnom de *guérit tout*).
La valériane est connue, depuis l'Antiquité, pour ses propriétés calmantes, aujourd'hui scientifiquement prouvées.

COMMENT UTILISER LA VALÉRIANE

L'INFUSION ANTI-STRESS

- Dans une tasse d'eau bouillante, laissez infuser, 10 à 15 minutes, 3 g de feuilles séchées de valériane. Édulcorez avec du miel.
- Boire cette tisane plusieurs fois par jour, pendant 8 à 10 jours, avec des intervalles de 15 à 21 jours.

LA TEINTURE-MÈRE

- Faites macérer, pendant 3 semaines, dans un bocal fermé, 200 g de valériane séchée dans 1/4 de litre d'alcool (vodka, rhum...). Ajoutez 3/4 de litre d'eau.
- Filtrez le liquide après avoir bien pressé la plante afin d'en extraire tout le suc.
- Conditionnez-la teinture dans un flacon de verre fumé hermétiquement bouché. Conservation de la teinture : 2 ans.
- Dans les périodes de stress liées au sevrage antitabac, prenez 1 cuillère à café de cette teinture dans un verre d'eau, 3 fois par jour, 1/2 heure avant les repas.

LE BAIN RELAXANT

- Il vous faut 100 g de plantes séchées pour un grand bain.
- Placez la valériane dans un gant de toilette cousu et doté d'un cordonnet.
- Suspendez ce sachet sur le robinet d'eau chaude, de manière à ce que l'eau bouillante coule dessus.
- Puis laissez-le infuser dans le bain avec vous.
- Pour que la valériane pénètre bien votre peau, massez-vous sur tout le corps avec votre sachet gant.

UNE PLANTE MAGIQUE

La valériane officinale doit être cueillie de préférence un vendredi à l'heure de Vénus et, si possible, sans regarder sa racine.

Selon une très ancienne recette, il convient même de saluer la plante afin qu'elle accepte d'exhaler toutes ses vertus !

2. L'ACHILLÉE : CONTRE LES BRÛLURES ET AIGREURS D'ESTOMAC

Grâce à deux composants de son huile essentielle, la mythique Achillée est souverain remède pour calmer les brûlures d'estomac liées au sevrage tabagique. Sirop, infusion ou vin d'estomac ne seront point cautères sur jambes de bois mais pansements efficaces... même en vieux françois !

En usage externe, l'Achillée guérit toutes les blessures, hormis le talon du bouillant Achille à qui elle doit son nom.

En usage interne, elle soulage les maux d'estomac : brûlures, aigreurs et spasmes, liés au sevrage tabagique.

LA DÉCOCTION APAISANTE

- 2 c. à thé, à parts égales, d'achillée millefeuille et de menthe poivrée.
- En période de crise, buvez 2 tasses par jour.

L'INFUSION RAFRAÎCHISSANTE

- 50 g de sommités fleuries pour 1 litre d'eau.
- Pendant la période de sevrage et quand votre estomac vous brûle, buvez 2 ou 3 tasses de cette infusion par jour, refroidie.

LE VIN D'ESTOMAC

- 120 g de fleurs d'achillée et 1 litre et demi de vin blanc sec.
- Broyez les fleurs au mortier et mettez-les à infuser 1 mois, à l'ombre, dans le vin blanc. Filtrez au tamis étamine.
- Ce vin amer est salutaire pour les crampes d'estomac et les brûlures. Il se prend en apéritif ou en digestif.

LE SIROP D'ACHILLÉE

- 100 g d'achillée, 1 kg 200 de sucre, 600 g d'eau.
- Faîtes cuire jusqu'à consistance d'un sirop.
- Prendre 20 à 50 g de ce sirop par jour, en période de crise.

L'HERBE DES CHARPENTIERS

L'usage de cette plante remonte à la mythologie puisque son nom lui vient d'Achille à qui elle permit de guérir ses blessures. On dit aussi que Joseph s'étant blessé, son fils Jésus alla quérir des feuilles d'Achillée et pansa la blessure qui se cicatrisa rapidement d'où un de ses surnoms: herbe des charpentiers.

3. LE COQUELICOT : CONTRE LES TROUBLES DU SOMMEIL

Le coquelicot contient, dans son suc laiteux, un alcaloïde qui reproduit faiblement certains effets du pavot. Son nom savant : papaver, signifie : papa bouillie ! Nos aïeux mêlaient, le suc du coquelicot à la bouillie des enfants pour les faire dormir. Il vous aidera à vaincre vos insomnies et vos manques.

Facile à repérer dans les blés mûrs, l'humble coquelicot ne se cultive pas mais fleurit en abondance.

Pour notre plaisir, il sait se faire poupée dansante et inspirer les poètes.

Pour notre bien-être, il devient tisane, sirop ou bonbon.

COMMENT UTILISER LE COQUELICOT

LA TISANE SÉDATIVE

◆ Faites infuser, pendant 10 minutes, 1 c. à soupe de pétales séchés dans une tasse à thé d'eau bouillante.

◆ Filtrez. Miellez et buvez bien chaud, une demi-heure avant de vous coucher.

LE SIROP DE COQUELICOT

◆ Versez 1 litre d'eau bouillante sur 65 g de pétales secs.

◆ Laissez infuser, pendant 6 heures, filtrez.

◆ Ajoutez 180 g de sucre pour 100 g de liquide.

◆ Doses quotidiennes à répartir dans la journée : 5 à 10 cuillerées à soupe pour les adultes.

LA TISANE DE SÉRÉNITÉ

◆ Faites infuser, pendant 10 minutes 1 c. à café de ce mélange dans une tasse d'eau bouillante :
- 20 g de fleurs de coquelicot,
- 40 g de fleurs d'aubépine,

- 20 g de sommités de millepertuis,
- 10 g de feuilles de menthe poivrée,
- 10 g de feuilles de mélisse

◆ Filtrez. Miellez et buvez bien chaud, une demi-heure avant de vous coucher.

LES BONBONS AU COQUELICOT

Vous trouverez dans le commerce des bonbons au coquelicot. Ils vous permettront de moins souffrir du sevrage tabagique mais aussi d'adoucir votre gorge et vos nuits.

USAGE ALIMENTAIRE

La tige d'une jeune plante constitue une excellente salade sauvage. On la mange aussi en potage.

Les graines, récoltées lors de la maturité des capsules, sont riches en huile (39 %) et sont utilisées dans le pain et les pâtisseries, comme le pavot.

4. LA MÉLISSE : CONTRE LES MAUX DE TÊTE

La mélisse est réputée depuis longtemps pour son efficacité dans les maux de tête, d'estomac, les états dépressifs et l'anxiété. Cette bonne plante, appelée aussi citronnelle est, en usage interne, un facteur de bien-être qui apaise les maux du sevrage.

Reconnaissable grâce à son agréable odeur de citron, la mélisse sauvage se fait rare, son succès l'a décimée. Vous la trouverez fraîche, en pot, au marché ou séchée ches un herboriste ou en parapharmacie.

LA TISANE DES MIGRAINEUX

- Faites infuser, dans une tasse d'eau bouillante pendant 5 minutes : 1 c. à soupe de sommités de mélisse.
- Buvez 1 tasse au réveil et 1 tasse au coucher.

L'EAU DE MÉLISSE

◆ Faites macérer 8 jours, dans 1 litre d'eau-de-vie à 45° :

- 10 feuilles de mélisse.
- 15 g de racine d'angélique
- 30 g de zestes de citron
- 10 g de noix muscade
- 60 g de coriandre
- 5 g de girofle
- 10 g de cannelle

◆ Filtrez et utilisez, à raison de 2 c. à soupe avec du sucre.

LE VIN DE MÉLISSE

◆ Faites macérer, pendant 10 jours 60 g de mélisse dans un litre de bon vin blanc.

◆ Filtrez, édulcorez au miel et buvez en apéritif (sans en abuser !).

L'INFUSION LÉNIFIANTE

- Pour calmer vos maux de tête, vos nerfs et bien dormir, faîtes infuser, pendant 10 minutes, 1 c. à café du mélange suivant dans une tasse d'eau bouillante : 20 g de mélisse, 40 g d'aubépine, 15 g de lavande, 40 g de millepertuis, 20 g de coquelicot.
- Mélangez bien ses plantes et stockez-les dans une boîte en fer pour qu'elles ne prennent pas la lumière.
- Buvez 2 tasses de cette tisane après le repas du soir.

Les feuilles de la mélisse permettent de parfumer salades et fromage blanc et, ajoutées en fin de cuisson, omelettes, sauces, viandes blanches ou poisson.

Fraîche la mélisse, mélangée avec de la semoule, donne un excellent taboulé.

5. LE MILLEPERTUIS: CONTRE LES PICOTEMENTS DE LA PEAU

Très puissants, les principes actifs du millepertuis ciblent le siège de la douleur et la soulagent rapidement. Picotements de la peau, courbatures, névralgies mais aussi eczéma ou psoriasis ne résisteront pas à un cataplasme ou à une huile préparée soigneusement et de vos blanches mains!

Utilisé, depuis la nuit des temps, pour chasser les mauvais esprits, le millepertuis, “herbe aux mille vertus” se ramasse en fleur, le jour de la Saint Jean, pour obtenir cette fameuse huile de couleur rouge appelée “sang du Christ”. Une huile qui guérit tout... ou presque

Il fleurit de fin juin à août et pousse un peu partout à l'état sauvage : sous-bois, talus, prairies...
Après une traversée de désert, la découverte du pouvoir antidépresseur du millepertuis a suscité une culture intensive, notamment aux États-Unis

LE CATAPLASME

La quantité de millepertuis nécessaire dépend de la taille de la zone à traiter. À titre d'exemple, pour des picotements sur les bras, j'utilise la moitié d'un bol de plantes fraîches : tiges, feuilles et fleurs, hachées grossièrement.

- Immergez votre millepertuis dans de l'eau froide.
- Portez à ébullition et laissez frémir 2 minutes.
- passez au tamis en pressant bien avec une louche pour recueillir un maximum de jus d'herbe.
- Trempez une compresse dans le liquide chaud.

- Appliquez-la sur la zone douloureuse et fixez-la à l'aide d'une bande.
- Laissez agir pendant 2 à 3 heures, en renouvelant les applications si nécessaire.

L'HUILE ROUGE

- Coupez du millepertuis et hachez-le au couteau.
- Prenez un bocal en verre avec un couvercle qui se visse. Tassez bien votre millepertuis haché au fond et versez dessus de l'huile d'olive. Fermez le pot et secouez énergiquement.
- Exposez votre pot, pendant 2 semaines au soleil.
- Secouez-le au moins 4 fois par jour.
- Filtrez dans un linge fin et versez dans une bouteille teintée.
- Massez les zones douloureuses.

Chapitre 4

ESSENCES ET QUINTESSENCES

L'aromathérapie ❒ L'inhalation ❒ La diffusion Les compresses ❒ Les massages ❒ Les bains Les fleurs de Bach ❒ Les 5 élixirs du sevrage tabagique ❒ L'homéopathie ❒ Les pilules du sevrage ❒ Les gélules ou compléments alimentaires ❒ Créez vos essences florales.

Si les tisanes ne sont pas votre tasse de thé, vous avez le choix entre les huiles essentielles du Dr Valnet, les fleurs du Dr Bach les pilules homéopathiques ou encore (avec réserve) les cures de plantes en gélules. Mamé Tisane vous dit même comment créer vos essences florales.

L'AROMATHÉRAPIE

Le pionnier en ce domaine est leDr Valnet (Dr Nature pour les intimes!) qui a dépoussiéré cette branche de la médecine alchimique. Rebaptisée : Aromathérapie, elle fait aujourd'hui un tabac mais... attention aux dérives et contrefaçons !

Vous choisirez, bien sûr, des huiles essentielles extraites des mêmes plantes du chapitre précédent.

- ◆ Valériane pour calmer le stress et la mauvaise humeur.
- ◆ Achillée pour soulager les brûlures d'estomac.
- ◆ Coquelicot pour les troubles du sommeil.

- ◆ Mélisse pour les maux de tête.
- ◆ Millepertuis pour les picotements de la peau.

◆ **Ne confondez pas huiles essentielles et essences florales,** comme les fleurs de Bach, par exemple : elles ne manquent pas d'intérêt mais elles n'ont ni la même vocation ni les mêmes effets. Toutefois, comme elles sont beaucoup plus onéreuses, on peut aisément se laisser embobiner par des vendeuses de magasin de produits naturels peu scrupuleuses ou mal informées.

◆ **Ne choisissez pas des essences de synthèse,** certes, elles sont moins chères et leur odeur agréable est parfois trompeuse, mais elles n'auront aucun effet sur votre santé. Comme les encens de fantaisie, elles sont tout juste bonnes à parfumer votre maison.

◆ **Une bonne huile est forcément un peu cher.** Le producteur doit renoncer aux pesticides, herbicides et aux engrais pour obtenir un produit vraiment pur, d'où surcroît de travail, d'attention et rendement moindre.

Mais il offre ainsi la garantie d'un produit 100 % naturel.

◆ **Testez votre huile essentielle.** Les huiles essentielles de qualité doivent être rigoureusement pures. Une goutte sur un papier buvard ne doit pas laisser de trace durable en séchant. Ce petit test vous permettra de savoir si vous avez fait le bon choix.

L'INHALATION

8 à 10 gouttes d'huile essentielle dans 1/4 de litre d'eau bouillante et une serviette éponge sur la tête pour que la vapeur ne s'échappe pas. Vous pouvez, en fonction de vos troubles, faire un mélange de plusieurs huiles essentielles de sevrage mais n'excédez pas 10 gouttes car vous pourriez déclencher une irritation des fosses nasales.

À noter: vous trouverez dans certaines pharmacies (pas toutes) des inhalateurs. Faîtes l'impasse sur ceux en plastique ou videz-les immédiatement après usage car les huiles essentielles adorent ronger cette matière.

LA DIFFUSION

Par l'odorat, nous percevons des messages, bons ou mauvais, qui influencent nos états d'âme. L'aromathérapie utilise ces "mémoires" pour agir en surface ou en profondeur sur notre santé et notre bien-être. Les huiles essentielles stimulent notre système nerveux et le réflexe d'auto-guérison en modifiant la structure chimique des liquides corporels : salive, sang, lymphe.

À noter: on trouve dans le commerce des diffuseurs, ne laissant échapper que la dose nécessaire de produit.

Système D: 2 gouttes de l'huile essentielle de votre choix sur une ampoule électrique qui, une fois allumée, jouera le rôle de diffuseur.

LES COMPRESSES

Des compresses tièdes localisées, (migraines, maux d'estomac) permettant de lutter efficacement contre ces malaises passagers.

LES MASSAGES

Les huiles essentielles ont un extraordinaire pouvoir de pénétration. En appliquant le produit sur la peau, il suffit de quelques heures pour en retrouver des traces dans les urines. Entre-temps, les principes de la plante auront pénétré les tissus par voie sanguine.

LES BAINS

Excellent le soir pour la nervosité et les troubles du sommeil, le bain se prend généralement à 37 °C, pendant 10 à 15 minutes.

À la sortie, évitez de vous essuyer le corps, et enveloppez-vous dans un peignoir pour 15 minutes de relaxation en position allongée.

LES FLEURS DE BACH

Le but de cette thérapie, aujourd'hui très en vogue, est de **découvrir et réguler les tensions émotionnelles** qui consomment inutilement notre énergie vitale, créant fatigue, douleur, insomnie déprime...

Son originalité vient du fait qu'elle ne vise pas à traiter les désordres physiques directement, mais par le biais du mental.

Elle s'appuie sur la propriété qu'ont certaines fleurs d'induire un phénomène vibratoire qui leur est propre, capable lui-même de modifier notre potentiel énergétique.

LES 5 FLEURS DU SEURAGE

CENTAURÉE (Centaury)	manque de volonté
AJONC (Gorse)	insomnie, déprime
IMPATIENCE (Impatiens)	irritabilité
MUSCADE (Mimulus)	anxiété, allergies
CHARME (Hornbeam)	manque de courage

◆ **L'étiquette.** Selon les laboratoires, elle est libellée en français ou en anglais. Elle permet aussi de savoir si les fleurs traitées son bio.

◆ **Le prix.** Un petit flacon coûte, en moyenne, 10 euros (non remboursés par la sécu).

◆ **Où les trouver?** Dans les officines de produits naturels, les parapharmacies et certaines pharmacies.

◆ **À éviter:** la vente par correspondance.

◆ **Posologie:** pour traiter un désordre ponctuel ou un état passager: mettez 2 gouttes des essences mère dans un verre d'eau, ou de jus d'orange. Buvez, en petites gorgées fréquentes, tout au long de la journée.

L'HOMÉOPATHIE

L'homéopathie représente, pour certains, un effet placebo et pour d'autres, la panacée universelle. La vérité est certainement entre les deux, n'en déplaise aux uns et aux autres. Laissez-vous donc tenter par ces petites pilules du bonheur qui fondent sous la langue.

LES PILULES DU SEURAGE

Argentum nitricum 9 à 15 CH. Si vous êtes d'un tempérament nerveux, toujours en mouvement, toujours pressé. C'est un remède de fond essentiel pour l'intoxiqué tabagique. ***5 granules le matin.***

Nux vomica 9 à 15 CH. Si vous êtes stressé et surmené, tourné vers les excitants : tabac, café, alcool. ***5 granules le soir.***

Anacardium orientale 9 CH. Remède indispensable pour toute démarche de désintoxication.

Ce remède est indiqué lorsque l'esprit a décidé, et que sans même s'en rendre compte, l'on se tourne vers sa drogue. Lorsque la prise de la drogue calme irritabilité, manque de concentration et céphalées. ***5 granules matin et soir, et dès que l'envie se fait sentir.***

Tabacum 7 CH. Ce remède peut être utile en complément des précédents pour se désintoxiquer.

Il traite les malaises de la première cigarette : nausées, sueurs, vertiges, et non les effets chroniques du tabac.

Il est cependant d'usage de l'associer aux précédents remèdes dans le cadre du sevrage tabagique. ***3 granules matin et soir.***

Caladium 5 CH. Ce remède traite plus volontiers les effets du tabagisme au long cours : troubles de la mémoire, toux chronique, difficultés sexuelles chez le grand fumeur. Associé aux précédents remèdes, il peut avoir un effet dissuasif sur la cigarette. ***3 granules matin et soir.***

Gelsemium 9 À 15 CH. En cas d'anxiété et d'angoisses liées au sevrage. ***3 granules trois fois par jour.***

LES GÉLULES

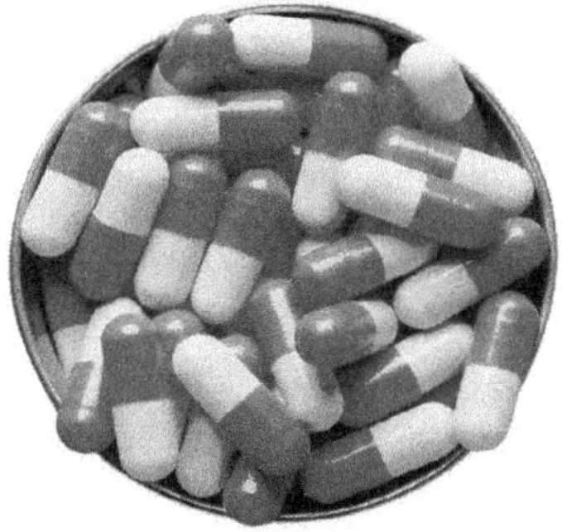

Les seules plantes en gélules que je vous recommande sont celles prescrites par votre médecin traitant et préparées par votre pharmacien.

En effet, les gélules que vous trouverez dans votre hypermarché, par correspondance et même en pharmacie ne sont que des placebos inefficaces. !

Pudiquement nommées : compléments alimentaires, elles ne sont pas soumises à la législation des médicaments et n'offrent donc aucune garantie quant à leur réel contenu.

Ces poudres de perlimpinpin modernes ne valent donc pas tripette ce qui ne les empêche pas d'être fort coûteuses.

Cela dit, si vous vous êtes laissé piéger par une publicité alléchante, rassurez-vous, vous n'êtes pas plus en danger que si vous aviez avalé un peu de sucre dans un verre d'eau !

Nonobstant, vérifiez toutefois que l'enrobage de la gélule soit bien d'origine végétale car il en existe encore sur le marché fabriquées avec de la gélatine de bœuf.

Ce serait tout de même un comble de jouer à la vache folle avec un placebo !

CRÉEZ VOS ESSENCES FLORALES

Choisissez votre fleur et votre matériel

Choisissez une fleur antitabac facile à repérer sur le terrain : la mélisse ou le coquelicot par exemple.

Il vous faut un petit bol en verre stérile. Un flacon où mélanger l'alcool et l'eau de fleurs. De l'eau claire et pure. Un bon alcool de fruit. Un entonnoir.

Sur le terrain, sous le soleil, exactement

Remplissez votre bol d'eau pure. Prélevez les fleurs les plus saines, déposez-les sur toute la surface de l'eau à l'aide d'une feuille (évitez de toucher les fleurs avec vos doigts). Laissez le bol en plein soleil pendant 3 heures, en le déplaçant pour éviter l'ombre.

Quand les fleurs ramollissent, cela veut dire qu'elles ont imprégné l'eau de leur énergie vitale. Retirez-les avec une brindille et versez l'eau de fleur dans le flacon avec l'entonnoir, jusqu'à moitié. Ajoutez une quantité égale d'alcool. Étiquetez et remerciez la nature avant de prendre congé.

Essences florales mode d'emploi

Choisissez un flacon de 30 ml avec compte-gouttes et, 4 fois par jour laissez couler 4 gouttes sous votre langue, sans la toucher.

À vous de juger si votre essence florale vous fait du bien mais sachez qu'elle ne peu, en aucun cas,vous faire de mal.

Chapitre 5

THALASSOTHÉRAPIE ET THERMALISME

Les vertus des algues ❐ Des tests et un programme sur mesure ❐ La gestion du stress ❐ La rééducation respiratoire ❐ Centres dotés de cures antitabac ❐ La thalasso à domicile ❐ Le thermalisme ❐ Cures alpines antitabac

Thalassothérapie et thermalisme proposent des cures antitabac. Elles allient soins spécifiques, désintoxication, massages, médecines douces et même soins esthétiques.

Vous pouvez aussi vous offrir votre cure de thalasso à domicile en bullant dans votre baignoire.

Alors… loup de mer ou marin d'eau douce ?

LA THALASSOTHÉRAPIE

S'arrêter de fumer et surtout tenir bon, c'est le défi des cures antitabac proposées dans une dizaine de centres. Attention, ne venez pas y chercher une méthode miracle, mais seulement une aide au sevrage.

DES TESTS ET UN PROGRAMME SUR MESURE

Effectués avec un médecin à votre arrivée, ces tests vous permettront de mesurer votre degré de dépendance : physique, psychique, comportementale, ainsi que votre motivation.

En dehors des soins classiques : hydrothérapie, algothérapie, applications de boues auto chauffantes… La cure de thalasso a pour but de vous faire découvrir une nouvelle hygiène de vie et d'expérimenter (selon les centres) des médecines douces comme l'acupuncture, la sophrologie, le shiatsu... qui vous aideront à gérer le manque.

LES VERTUS DES ALGUES

Accumulateurs d'oligo-éléments et d'autres constituants, les algues sont des "concentrées d'eau de mer".
Elles contiennent 80 % et plus de leur poids d'un plasma qui s'est révélé d'une extraordinaire richesse en métaux, minéraux, vitamines, glucides, protides, graisses, substances antibiotiques.

LA GESTION DU STRESS

Des massages relaxants et même des soins du visage "spécial fumeur" sont là pour aider le curiste à réussir son sevrage et tenir cette nouvelle hygiène de vie.

LA DIÉTÉTIQUE

C'est également un élément à ne pas négliger. De nombreux conseils sont dispensés, ils permettent de poursuivre, au retour de la cure, le programme alimentaire mis en place. N'oubliez pas que thalasso ou pas, la volonté est un des éléments clef du sevrage.

DES EXERCICES DE RÉÉDUCATION RESPIRATOIRE

Ils sont offerts dans certains centres pour accompagner cette désintoxication. Ils sont complémentaires à la réadaptation et à l'effort pratiqué en piscine d'eau de mer ou sur la plage.

CENTRES DOTÉS DE CURES ANTI-TABAC

Héliovital Thalgo Bandol
heliovital@allo-thalasso.com

Louison Bobet Port Crouesty
bobet@allo-thalasso.com

Atlanthal Biarritz
info@atlanthal.com

LA THALASSO À DOMICILE

Utilisés dans les cures de thalasso et les instituts marins, les bains d'algues sont à la portée de tous ceux qui possèdent une baignoire.

Excellents adjuvants de toute cure antitabac, ils se présentent en sachets.

Les algues se réhydratent dans l'eau chaude et libèrent leurs composants bénéfiques qui pénètrent notre peau.

- ◆ Placez le sachet d'algues dans la baignoire et faites couler l'eau aussi chaude que possible, pendant quelques instants, de manière à bien imprégner le sachet et permettre ainsi aux algues de gonfler.
- ◆ Remplissez ensuite la baignoire pour obtenir la température désirée, 35 à 37°, 38° pour ceux qui le supportent.
- ◆ La durée du bain se situera entre 15 et 20 mn.
- ◆ Pendant le bain, qui ne comportera pas l'usage de savon, massez-vous tout le corps.
- ◆ Les bains peuvent se prendre soit le matin, soit l'après-midi, soit le soir comme bains de relaxation.

- Vous ne dépasserez pas le rythme de 2 à 3 par semaine, pour une série de 10 à 20 bains d'algues.
- Après le séchage, je vous recommande vivement de vous étendre pendant 1/2 heure.

LE THERMALISME

Parmi de nombreuses villes thermales proposant des cures antitabac, j'ai choisi deux stations, au cœur des Alpes, situées à Aix-les-Bains et à Allevard-les-Bains car leurs eaux sulfureuses font merveille pour tirer un trait définitif sur l'herbe à Nicot, ses pompes et ses œuvres !

Ces eaux (assez nauséabondes !) ont une action à la fois mécanique et médicamenteuse.

1. Sur la muqueuse respiratoire, elles sont particulièrement indiquées aux gros fumeurs bronchiteux chroniques.

2. Sur les affections des muqueuses bucco-linguales.

UN ARSENAL COMPLET

Cure de boisson, irrigation nasale et bain nasal, pulvérisation, nébulisation, gargarisme, aérosol simple ou sonique, insufflations. douches pharyngiennes... Une kinésithérapie respiratoire peut également vous être proposée.

CURES ALPINES ANTI-TABAC

Établissement thermal Aquascience de Marlioz : BP 146. 73101 Aix-les-Bains cédex. Tél : 04 79 61 79 61.
Site : www.thalassa.com

Les Thermes d'Allevard
Renseignements : 0 800 88 09 56 N° vert

Chapitre 6

DE FIL EN AIGUILLES L'AURICULOTHÉRAPIE

Une technique dérivée de l'acupuncture qui supprime l'envie de fumer ❒ Le pavillon de l'oreille a la forme d'un fœtus ❒ Comment se déroule une consultation ❒ Fil de nylon ou agrafe ?

Petites aiguilles, agrafes ou fil de nylon : **3 techniques efficaces pour nous aider à dire non au tabac et oui à la vie.** L'auriculothérapie, une technique dérivée de l'acupuncture, nous glisse son message d'espoir dans l'oreille et nous déconditionne en douceur.

En 1951, Le Dr Paul Nogier découvre que la stimulation d'un point précis de l'oreille soulage une sciatique.

Il remarque ensuite que le pavillon de l'oreille a la forme d'un fœtus, la tête en bas, et que le point qu'il a piqué au niveau du fœtus correspond à la 5e vertèbre lombaire, siège de la sciatique. Il en déduit qu'on peut soulager à distance certaine souffrances du corps à travers des points de l'oreille.

Il dresse alors la cartographie des points d'acupuncture de l'oreille et crée l'auriculothérapie.

En 1960, il découvre que l'oreille répond à différentes sollicitations, et crée l'auriculomédecine, grâce à laquelle il peut détecter l'origine réelle de la maladie.

Le pavillon de l'oreille est jalonné de points qui sont chacun en relation nerveuse réflexe avec un organe du corps. En stimulant certains points précis de votre oreille, l'auriculothérapeute obtient un soulagement de la douleur sur tel ou tel organe et traite donc les effets de la maladie à travers l'oreille.

Il va plus loin avec l'auriculomédecine, méthode de diagnostic qui associe la prise du pouls à des moyens d'observation complexe de l'oreille qui permettent de savoir quels points précis de l'oreille à traiter.

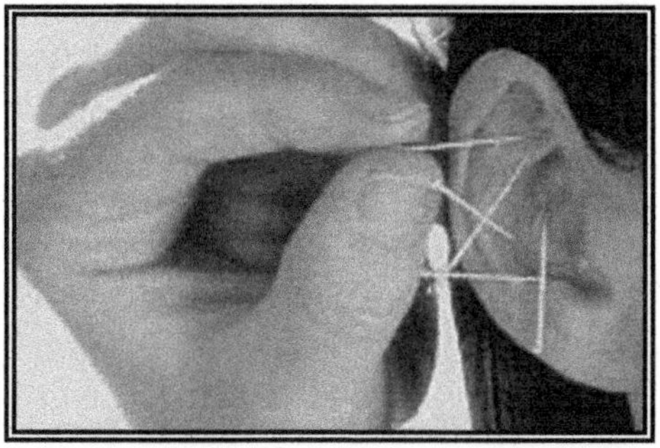

COMMENT SE DÉROULE UNE CONSULTATION

◆ L'auriculothérapeute vous interroge sur votre santé physique et morale, votre mode de vie, et vous prescrit éventuellement des examens complémentaires.

◆ Il cherche ensuite, par sa méthode de diagnostic, l'origine de votre maladie. Ainsi, en cas de maux de tête, symptôme courant dans le cadre du sevrage tabagique, selon la réponse à la prise de votre pouls, il cible très précisément les points à poncturer.

◆ En effet, à chaque migraine correspond un point de traitement spécifique, qui peut se situer :

- au niveau de l'œil du fœtus inversé : migraine ophtalmique,
- au niveau des cervicales : migraine de tension,
- au niveau du cerveau émotionnel : migraine d'ordre psychique.

◆ Une fois les points déterminés, il les pique avec des aiguilles "semi-permanentes", qui ont une action relativement prolongée. En effet, elles restent plantées dans l'oreille pendant 4 à 5 jours, puis tombent d'elles-mêmes.

FIL OU AGRAFE ?

Dans le cadre du sevrage tabagique, l'auriculothérapeute remplacera les aiguilles par un fil de nylon ou une agrafe placés au centre du pavillon de l'oreille. L'agrafe ou le fil devra alors rester en place pendant 3 semaines.

Cette technique supprime efficacement le besoin de fumer.

Inconvénients possibles : irritabilité et boulimie compensatrices.

TROISIÈME PARTIE

LES TECHNIQUES DE SUGGESTION

Avant de vous aventurer dans une séance d'hypnose ou d'auto-hypnose, de training autogène ou de phosphènes, vous devez d'abord apprendre à vous relaxer et à tester la méditation, directe ou avec l'aide de mandalas d'inspiration orientale.

Chapitre 7

RELAXATION ET MÉDITATION

Technique et pratique de la relaxation en solo ou en duo ❒ Une séance de méditation dirigée ❒ Créez vous-même votre mantra ❒ Le pouvoir fascinant des mandalas.

Ces deux techniques sont incontournables et doivent être parfaitement maîtrisées avant d'envisager une séance d'hypnose ou d'auto-hypnose. Elles préparent le corps à accepter les suggestions et permettent de créer cet état, entre veille et sommeil, où notre cerveau est perméable aux messages.

LA RELAXATION

Relaxation vient du latin relaxatio "libération" dans le sens de se libérer de ses entraves.

C'est une technique dont la pratique apporte l'harmonie entre le corps et l'esprit par le biais d'une détente physique, musculaire et psychique.

À noter : si vous avez envie de pratiquer la relaxation en groupe (souvent très efficace) et que vous cherchez des annonces dans les pages jaunes de votre annuaire, lisez-les attentivement avant de vous précipiter à l'adresse indiquée…

En effet, cette appellation (non contrôlée) désigne aussi certaines pratiques qui ne visent qu'à relaxer une partie ciblée de votre anatomie !

Les techniques de relaxation sont, depuis l'avènement du New Age (cette grande auberge espagnole du Mieux Être qui, aux États-Unis, succéda aux mouvements "Peace and Love"), le cheval de bataille de nombreux gourous thérapeutes.

Ces techniques, passées au crible d'un esprit libre et lucide sont similaires : seul le langage change.

Ce langage, souvent fleuri, tourne autour de deux axes:

- Les pratiques orientales notamment le Bouddhisme.
- La psychologie (si tant est que l'on puisse appeler cela ainsi).

La méfiance (légitime) envers les sectes a détourné de nombreux adeptes des pratiques de relaxation et de méditation d'inspiration orientale au profit des "Psi thérapies" ce qui ne change rien car on y recrute, là aussi, et peut-être même davantage.

Persuadé que pour atteindre l'état de suggestion il importe, avant tout, d'être lucide je ferai donc l'impasse sur les relaxations eutonisantes et les méditations transcendantes afin de vous présenter ces techniques aussi nues (et efficaces) que la vérité elle-même.

Il m'arrivera, parfois, de faire quelques emprunts à la Tradition comme le mot "chakra", simplement parce qu'il est plus court que "centre d'énergie" et que je ne suis pas, comme d'illustres feuilletonnistes du temps jadis, rémunéré à la ligne!

Cette séance se joue à deux ou en solo:

◆ **À deux:** votre partenaire lira une première fois le texte qui va suivre pour s'en imprégner, notamment dans la phase que je nommerai "induction hypnotique" où il (ou elle) devra adopter un phrasé répétitif et apaisant (monotone si le mot vous est plus familier).

Puis, il (ou elle) dirigera la séance en respectant scrupuleusement mes indications, commentaires compris.

Vous pourrez, bien sûr ensuite, échanger les rôles mais après avoir respecté une pause récréative pour éviter les interférences.

◆ **En solo:** vous pouvez lire ce texte plusieurs fois et le mémoriser mais, pour les premières séances, il serait bon de l'enregistrer de manière à ne pas être distrait par votre effort de mémorisation ou freiné par un oubli.

Après quelques séances, vous pourrez fonctionner en pilotage automatique.

UN ALPHABET CORPOREL

Nous allons commencer, ensemble, l'étude d'un alphabet corporel qui va vous amener à visiter chacun de vos muscles.

Bienvenus, donc, pour ce voyage que je vous souhaite agréable au pays de votre corps.

◆ Cherchez un endroit calme où vous serez assuré de ne pas être dérangé.

◆ Installez vous confortablement en vous débarrassant de tous vêtements susceptibles d'entraver vos mouvements. Allongez-vous et fermez les yeux.

◆ Pendant quelques secondes, prenez conscience de la tension qui peut exister dans les muscles de votre corps.

Cet exercice va vous apprendre à détendre progressivement quelques parties spécifiques de votre corps et à observer le contraste qui existe entre un état de tension et un état de détente.

◆ Fermez d'abord votre poing droit. Rien que le poing.

◆ Sentez la tension. Resserrez simplement le poing droit, de plus en plus fort, et sentez que votre poing et votre avant-bras deviennent de plus en plus tendus, de plus en plus durs.

Faîtes attention à vos muscles et à ce que vous ressentez lorsqu'ils sont tendus.

◆ Maintenant, desserrez le poing et laissez votre main devenir tout à fait détendue.

Vous remarquez, sans doute, que votre main et vos doigts sont beaucoup plus détendus qu'ils ne l'étaient il y a quelques instants.

◆ Notez le contraste entre la tension et la détente.

Une sensation agréable n'est-ce pas ?

◆ Tout en relâchant les autres muscles de votre corps, serrez, encore une fois, fortement le poing droit.

Sentez la tension très forte qui l'envahit.

◆ Desserrez le poing et détendez vos doigts.

Constatez encore une fois le contraste entre la tension ressentie dans les doigts et leur état présent de détente.

- ◆ Maintenant, serrez les deux poings. Prenez conscience de la tension qui les envahit. Desserrez les poings.

Remarquez que vos mains et vos avant-bras sont beaucoup plus détendus.

- ◆ Encore une fois, serrez les deux poings très fortement.

Vous sentez la tension qui s'accroît ?

- ◆ Maintenant, desserrez-les poings. Étendez les doigts et détendez votre corps tout entier.
- ◆ À présent, pliez les deux bras, lentement vers vous et augmentez ainsi la tension dans vos biceps.
- ◆ Serrez fortement les biceps.

Sentez à quel point ils deviennent tendus.

- ◆ Détendez maintenant les bras.

Prenez encore une fois conscience du contraste entre la détente et la tension.

- ◆ Placez les paumes de vos deux mains ensemble, devant vous, et poussez-les l'une contre l'autre, aussi fort que vous le pouvez.

- Relâchez la tension d'un seul coup et laissez retomber les bras, mous et détendus.

Notez le contraste entre l'état de tension précédent et l'état actuel de détente.

Cette sensation de laisser-aller, c'est la sensation qui déclenche la réponse de relaxation.

- Afin de ressentir la tension dans les muscles de votre cou et de vos épaules, étirez vos bras sur le côté et soulevez-les légèrement. Les muscles de vos épaules vont aussi se tendre et donc se fatiguer.
- Maintenant, laissez-les retomber et ressentez l'agréable sensation de relaxation qui suit.
- Replacez vos deux bras dans une position confortable et détendez-les de plus en plus . Même s'ils vous semblent totalement détendus, essayez quand même d'aller encore plus loin et de les détendre davantage.
- Afin de ressentir la tension dans les muscles de votre dos essayez, en prenant appui sur vos épaules et vos fesses, d'arquer le dos. Maintenez-le ainsi.

Ressentez-vous le travail en tension des muscles de vos gouttières vertébrales, du haut en bas de votre dos ?

◆ Relaxez-les et laissez-les maintenant s'appuyer au sol et s'y étaler.

Sentez-vous bien tous les points de contact du dos sur son appui, de la nuque aux fesses ?

◆ Recommencez à arquer le dos lentement, la tension augmente à nouveau.

◆ Si vous inclinez maintenant votre pubis à droite ou à gauche, vous ressentirez plus ou moins de tension sur l'un ou l'autre des deux côtés, en fonction de votre position. Essayez à droite. À gauche.

◆ Relâchez maintenant et enfoncez-vous de plus en plus profondément dans le sol, au fur et à mesure, que vos muscles se détendent.

◆ Aidez-les, si vous le désirez, en fléchissant légèrement les jambes aux genoux.

Ultérieurement, vous serez capable de recréer cet état de relaxation sans commencer par une contraction musculaire.

◆ Maintenant, contractez les fesses. Des muscles faciles à localiser car ils sont parmi les plus volumineux du corps humain.

◆ Essayez de vous soulever du sol en les contractant ainsi que les muscles de la partie supérieure des cuisses.

◆ Détendez-vous et laissez-les, à nouveau, s'étaler confortablement au sol.

◆ Autour des cuisses, raidissez-en tous les muscles.
- Ceux qui vous permettent d'écarter les genoux.
- Ceux qui vous permettent de les rapprocher.
- Ceux qui vous permettent de les soulever ou de les abaisser.

Raidissez-les tous, jusqu'à ce qu'ils soient durs comme de la pierre et commencent à trembler.

Sentez bien ce qui se passe, alors que ces muscles deviennent de plus en plus tendus et fatigués. C'est bien. Laissez-les aller et relaxez-vous.

◆ Inspirez profondément pour remplir complètement vos poumons. Gardez votre respiration puis expirez lentement, en laissant l'air s'échapper seul.

◆ Détendez-vous. Inspirez encore une fois, profondément, et prenez conscience des tensions que ce mouvement produit dans votre poitrine.

◆ Gardez votre souffle. Puis expirez lentement. Tous les muscles de votre poitrine se relâchent, petit à petit.

◆ Respirez un peu plus profondément et un peu plus lentement que d'habitude. À chaque expiration, laissez cette agréable sensation de détente s'étendre :
- À votre dos.
- À vos bras.
- À votre nuque.
- À votre visage.
- À vos reins.
- À votre abdomen.
- À vos jambes.
- À vos pieds.

◆ Recherchez encore les parties de votre corps qui vous semblent un peu tendues et détendez-les.

◆ Ressentez-bien les points de contact :
- De votre nuque avec le sol.

- De vos épaules avec le sol.
- De vos bras avec le sol.
- De votre dos avec le sol.
- De vos reins avec le sol.
- De vos fesses avec le sol.
- De vos cuisses avec le sol.
- De vos mollets avec le sol.

PHASE D'INDUCTION HYPNOTIQUE

◆ À chaque expiration vous devenez encore plus détendu.

◆ Remarquez qu'une sensation de lourdeur accompagne maintenant la détente que vous ressentez.

◆ Tout votre corps est lourd et détendu et se berce lentement, au rythme de votre respiration.

Lourd et détendu. Lourd et détendu…

◆ Pour augmenter encore cette sensation. Vous allez compter, lentement et à haute voix, jusqu'à 5. À chaque fois que vous énoncerez un nouveau chiffre, vous vous enfoncerez plus encore dans la détente :

1. Détendu.
2. Encore plus détendu.
3. Bien détendu.
4. Encore plus détendu.
5. Totalement détendu.

◆ Profitez bien, durant les prochaines minutes, de cet état (5 mn de silence).

◆ N'ouvrez pas tout de suite les yeux. Prenez une bonne respiration. Croisez ensemble vos mains et étirez-vous lentement. Expirez profondément.

◆ Une autre grande inspiration. Expirez lentement.

◆ Ouvrez les yeux mais ne vous levez pas encore.

VOTRE PROPRE RYTHME

Après plusieurs répétitions, lorsque vous maîtriserez bien cette technique, vous n'aurez plus besoin d'être assisté.

Vous travaillerez alors à votre propre rythme et dans la position qui vous convient le mieux.

Plus tard, il vous faudra aussi abandonner la contraction et la mise en tension qui précède la détente.

Vous obtiendrez alors cette détente simplement en l'induisant directement dans le muscle.

Vous la réaliserez en passant en revue dans votre tête l'alphabet musculaire que vous venez d'apprendre.

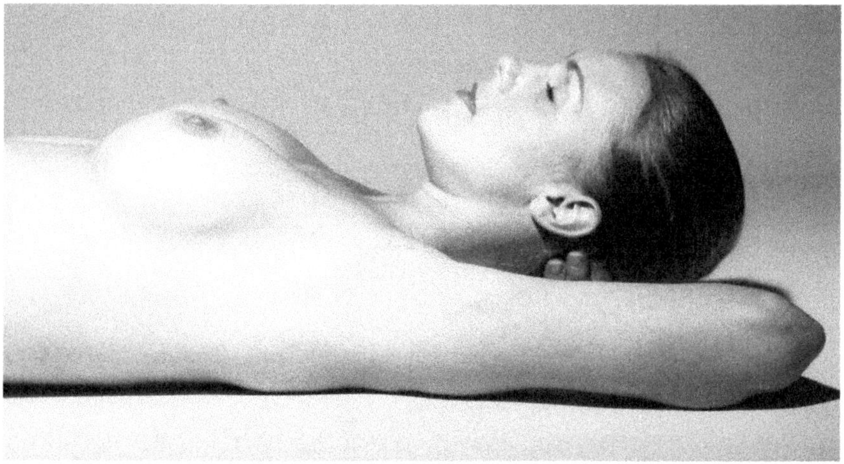

LA MÉDITATION

Certains pensent que la méditation est une pratique sans intérêt. Une sorte de leçon spirituelle, s'apparentant à une pratique religieuse ou ascétique.

En fait la méditation, dépouillée de ses oripeaux religieux ou sectaires, est simplement une méthode de formation de l'esprit. Un moyen efficace de relaxation spirituelle qui vous permettra d'aborder plus facilement les techniques d'auto-hypnose.

Elle peut même, précédée d'une séance de relaxation comme celle que nous venons de vivre, vous amener carrément à l'état de transe.

Le but de cet exercice de méditation dirigée n'est pas de vous relaxer immédiatement, mais de vous apaiser. **La méditation permet de contrôler vos pensées en vous obligeant à vous concentrer sur l'instant présent et à observer votre processus de pensée.**

◆ Vous allez, dans un premier temps, pratiquer la méditation assise. Une fois celle-ci acquise (au bout d'une dizaine de séances environ) vous pourrez méditer dans toutes les positions.

◆ Il faut que la position aide votre corps à atteindre rapidement la sérénité.

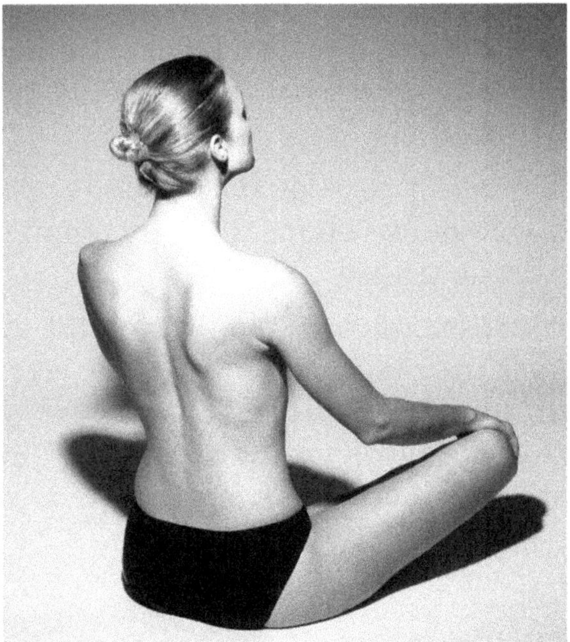

Vous ne devez pas :

- Vous asseoir sur les talons, ce qui est souvent fatigant.
- Vous appuyer à un mur ou un dossier ce qui peut facilement amener une certaine distraction.
- La position assise la plus adaptée et la plus apte à centrer le corps sur son centre de gravité, est la position du demi-lotus.
- Placez votre jambe droite sur la gauche, le pied en extension, la paume de la main tournée vers le haut et le bout de l'index droit touchant le pouce gauche, les poignets reposant sur le haut des cuisses.
- Restez fermement conscient et relaxez, progressivement, toutes les parties de votre corps.
- Commencez par les muscles de la face, puis de la nuque, des épaules, du tronc, des jambes et des bras…
- Inspirez lentement une profonde inspiration et videz votre esprit de toute pensée.
- Lorsque vous vous sentirez complètement détendu et que vos respirations seront lentes et rythmées, fermez les yeux.

- Répétez lentement un mot agréable (dans sa consonance comme dans son contenu) dans votre tête alors que vous inspirez et expirez.
- Poursuivez ainsi pendant 10 à 20 minutes.

Pour revenir à la normale:

- Dites votre mantra (le mot agréable) à voix haute, délibérément et lentement.
- Surveillez votre respiration.
- Soyez conscient(e) de votre corps et de votre posture.
- Ouvrez les yeux et regardez autour de vous.
- Après environ une minute, levez-vous et étirez-vous.

CRÉEZ VOUS-MÊME VOTRE MANTRA

Vous venez de faire une séance de méditation transcendantale sans le savoir, sans adhérer à une secte, sans dilapider vos deniers (du culte !).

Certes votre mot de pouvoir (mantra) ne vous aura pas été délivré par un Maître mais il aura, je vous l'affirme, la même efficacité.

Pour cela, choisissez un mot de 2 syllabes. Un mot qui sonne bien et qui évoque pour vous quelque chose d'agréable.

Quelques exemples

amour, soleil, rose, ange, bonheur, plaisir, tendresse…

LE POUVOIR DES MANDALAS

Ces dessins géométriques sont utilisés par les Orientaux pour atteindre plus rapidement l'état de transe.

Vous devez les fixer intensément pour canaliser votre énergie et éliminer les pensées parasites.

J'ai choisi pour vous deux mandalas très efficaces (pages 122 et 123). Je vous conseille de les agrandir à la photocopieuse afin de mieux capter votre champ de vision.

- Au début, méditez pendant 10 à 15 minutes, une à deux fois par jour.
- Augmentez à 20 minutes, pas plus de deux fois par jour.
- Évitez de méditer avant d'aller au lit, votre regain d'énergie vous empêcherait de vous endormir.
- Avec la pratique, vous atteindrez un stade où vous vous sentirez détaché de votre corps et de votre environnement physique pendant que vous méditez.
- Le mantra s'effacera de votre conscient. Vous serez en contact avec votre moi intérieur en état d'éveil et il

vous suffira de lui demander de vous aider à arrêter de fumer pour qu'il s'exécute.

PLONGEZ AU CENTRE DU LABYRINTHE

Fixez le mandala de votre choix (un seul à la fois) sur un mur blanc, à hauteur du regard et plongez votre regard au centre de son labyrinthe pendant toute la durée de votre séance de méditation.

Éclairez seulement avec des bougies mais de manière indirecte. En effet, leur flamme ne doit pas attirer votre regard car elle est aussi hypnotique et pourrait vous empêcher de vous concentrer sur votre cible.

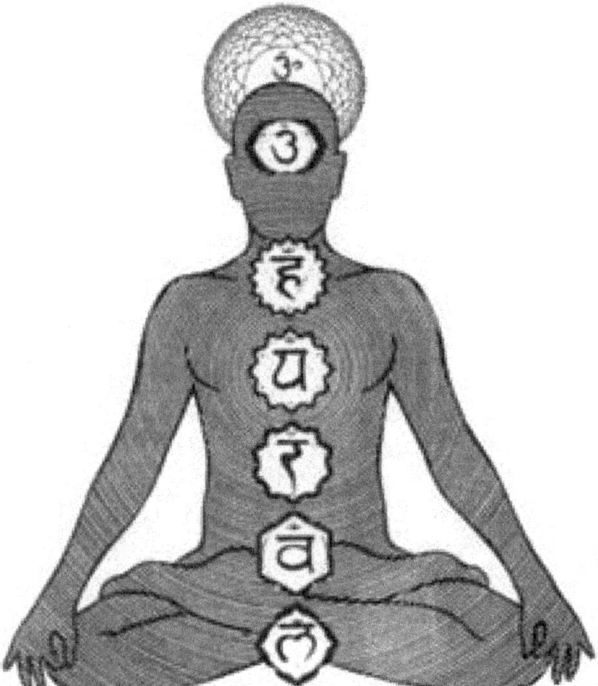
ॐ
हं
यं
रं
वं
लं

Chapitre 8

LES MESSAGES DU CORPS LE TRAINING AUTOGÈNE

Les 4 phases d'approche ❒ 7 exercices de méditation et de visualisation ❒ La neutralisation autogène ❒ Mandala favorisant la méditation ❒ Exercice de visualisation libératrice : jetez vos idées noires à la poubelle !

Né des recherches sur le sommeil et l'hypnose, le training autogène, créé par le Dr Shultz, propose un certain nombre d'exercices de relaxation, de visualisation et d'autosuggestion. Pratiqués seuls ou dans le cadre d'une thérapie de groupe, **ces exercices nous**

apprennent à distinguer nos tensions et à les relâcher. Cette méthode permet de se mettre très vite en état de profonde de relaxation. Elle est particulièrement efficace pour vous aider à supprimer votre dépendance au tabac.

LES 4 PHASES D'APPROCHE

- L'entraînement aux exercices standards.
- Les modifications autogènes.
- L'entraînement à la méditation autogène.
- Les méthodes de neutralisation autogène.

Cette méthode d'autosuggestion comprend une série de 6 exercices dont les 2 premiers sont les plus importants.

LES EXERCICES DE BASE

Il s'agit, au cours de ces exercices, de vous faire éprouver, graduellement, une série de sensations corporelles.

Vous devez créer autour de vous une ambiance calme et adopter une position adéquate, de manière à ce que vos muscles soient détendus.

1. La position assise sur une chaise, "en cocher de fiacre" c'est-à-dire la tête penchée en avant (fig. 1).

2. La position assise dans un fauteuil (fig. 2).

3. La position allongée sur un divan, bras et jambes vers l'extérieur (fig. 3).

4. Fermez les yeux et concentrez-vous mentalement sur une partie de votre corps puis, ensuite, sur tout le corps.

◆ Recherchez, par exemple, la sensation de lourdeur.

◆ Cette sensation une fois éprouvée, vous devez la formuler mentalement, en pensant, par exemple:

Mon bras ou mon corps est lourd, tout à fait lourd et ainsi de suite.

◆ Cet exercice doit se pratiquer sans insister. Si la sensation n'est pas immédiatement perçue, elle le sera demain ou un autre jour.

Vous devez, quoi qu'il en soit, réaliser cet exercice quotidiennement, 2 ou 3 fois. Le temps que vous y consacrerez variant de 3 minutes à une 1/2 heure en fin d'entraînement.

LES 3 POSITIONS POUR PRATIQUER LE TRAINING AUTOGÈNE (1)

Fig. 1

Fig. 2

LES 3 POSITIONS POUR PRATIQUER LE TRAINING AUTOGÈNE (2)

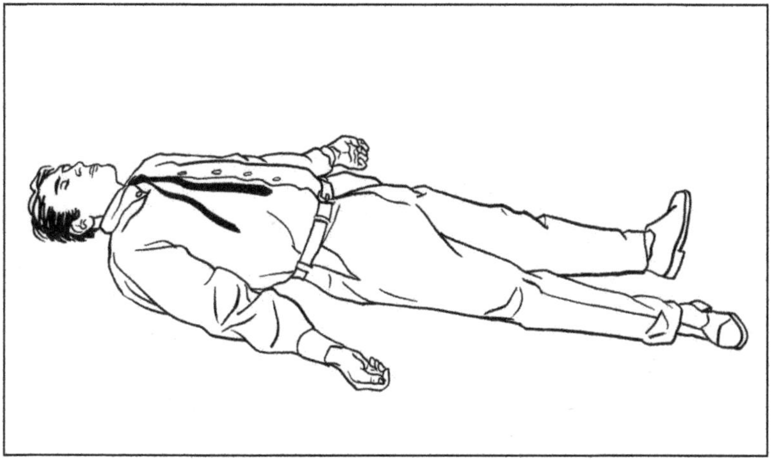

Fig. 3

UN ETAT DE DÉCONNEXION TOTALE

Après un temps variable, de 1 à 3 mois, vous serez capable de vous plonger très rapidement dans un état de déconnexion totale, physique et mentale, sorte d'état second situé entre la veille et le sommeil : **il en résultera un état de bien-être physique et mental dont les effets peuvent se prolonger plusieurs heures après l'exercice.**

Lorsque vous serez capable de vous mettre en état de relaxation totale vous pourrez passer à des exercices plus complexes, avec ou sans l'aide d'un thérapeute.

Ces méthodes de modifications autogènes se divisent en 2 catégories :

- Des formules intentionnelles ou formules d'autosuggestion à visée psychothérapique.
- Des formules qui renforcent l'effet des exercices standards que sont la pesanteur, la chaleur…

Les formules se recherchent et se pratiquent en accord avec les données fournies au cours des entretiens entre vous et le thérapeute mais vous pouvez aussi les rechercher vous-même…

Par exemple, pour le sevrage tabagique :

- *Je respire mieux.*
- *Je retrouve le goût des aliments.*
- *Mon estomac ne me brûle plus.*
- *Mon sommeil est profond et régulier…*

Les formules de neutralisation et de renforcement sont plus directes. Dans votre cas :

- *Fumer m'est complètement indifférent.*
- *Je n'ai pas envie de fumer…*

Les formules d'abstinence sont plus élaborées.

Exemple :

- *J'évite de fumer, en tout temps, en toutes circonstances, en n'importe quelle situation. D'autres fument, mais moi, le tabac ne me plaît pas.*

7 EXERCICES DE MÉDITATION

Exercice n° 1 : vous apprenez à visualiser mentalement les couleurs.

Exercice n° 2 : vous apprenez à sélectionner mentalement les couleurs désirées et à apprécier votre choix.

Exercice n° 3 : vous visualisez des objets concrets puis des objets abstraits.

Exercices n° 4 et 5 : vous expérimentez le choix d'une sensation.

Exercice n° 6 : la visualisation d'autres personnes.

Exercice n° 7 : vous prenez conscience des divers aspects refoulés de votre conscience.

Hormis l'exercice n° 7 qui gagne à être pratiqué avec un guide compétent, connaissant tout à la fois la méditation autogène et la psychanalyse, les 6 autres exercices qui s'apparentent davantage à la visualisation, pratiquée dans toutes les traditions, peuvent parfaitement être pratiqués seuls, n'en déplaise aux enseignants et thérapeutes de la Méthode Schultz.

LA NEUTRALISATION AUTOGÈNE

Elle comprend :

- ◆ L'abréaction autogène.
- ◆ La verbalisation autogène.

La méthode d'abréaction autogène dérive des études sur le processus de décharges autogènes qui apparaissent durant les exercices standards.

Schultz avait remarqué en effet que, lors de la pratique régulière du training autogène, des patients, plongés dans l'état autogène, exprimaient d'autres sensations que celles directement liées aux exercices standards.

C'est ainsi que certains patients décrivaient :

- des sensations de picotements,
- de chatouillements des extrémités,
- des sensations de dépersonnalisation,
- une sensibilité exagérée…

Pour Schultz, ces sensations, appelées des décharges autogènes, seraient en fait nécessaires et permettraient au cerveau de se décharger de manière préventive et curative.

Elles correspondraient à une énergie accumulée dans le cerveau et qui, emmagasinée trop longtemps, pourrait ressortir sous formes de symptômes ou de troubles fonctionnels.

L'état autogène permettrait à cette énergie de se résorber sans dommage.

Il est ensuite demandé au patient de décrire ce qu'il ressent, ce qu'il éprouve dans son état autogène.

Schultz fait la différence entre :

- l'abréaction autogène, où le rôle du thérapeute se limite à étudier les résistances,
- la verbalisation autogène, qui vise à neutraliser les abréactions autogènes les plus gênantes.
- Dans l'abréaction autogène, le patient dit avoir des picotements, par exemple liés à un conflit avec la mère.
- Dans la verbalisation, on essaie de mettre en rapport ces réactions sensorielles avec les conflits profonds.

**MANDALA EN FORME DE ROSE,
FAVORISANT LA VISUALISATION**

EXERCICE DE VISUALISATION LIBÉRATRICE

JETEZ VOS IDÉES NOIRES À LA POUBELLE !

Nous avons tous, dans les recoins de notre corps et de notre tête, des difficultés ou certaines noirceurs qui encombrent notre existence. Ces désirs, ces envies, ces besoins, ces nécessités que l'on extériorise peu ou pas sont à l'origine de bien des maux.

La poubelle est un exercice simple, efficace, proposé dans le cadre du training autogène et son image mentale est tellement représentative du maître mot débarras qu'elle devient réalité.

◆ Concentrez-vous pour faire un bilan de ce qui encombre votre vie actuellement.

◆ Visualisez-vous enfermant votre problème, (un seul à la fois), dans un sac de tissu du type toile de jute. Fermez-le à l'aide d'un fil de fer bien serré et placez-le dans une poubelle.

◆ À présent, visualisez une benne à ordures qui emporte loin de vous ce paquet.

VARIANTE

Si le problème est grave et s'il tourne à l'obsession : visualisez un fleuve traversé par un pont. Allez au milieu du pont et jetez par-dessus bord le sac lesté auparavant d'une grosse pierre. Le milieu du pont représente l'endroit le plus profond du fleuve.

Évitez toutefois de visualiser un fleuve de montagne, encombré par des rochers qui risquent de stopper le sac.

En conclusion

La concentration porte avant tout sur des représentations intérieures et non sur les sensations corporelles.

Le training autogène conviendra donc particulièrement aux personnes très fâchées avec leur corps, leur permettant de renouer avec lui, sans se trouver brutalement confrontées à une réalité déplaisante.

Chapitre 9

LA TECHNIQUE DE SEVRAGE LA PLUS EFFICACE : L'HYPNOSE

L'hypnose thérapeutique ❐ Une thérapie millénaire ❐ Ordres et passes magnétiques ❐ Technique d'attraction en arrière ❐ Dialogue avec l'inconscient ❐ 5 techniques d'hypnose antitabac ❐ Apprendre à hypnotiser avec un objet brillant.

"Avec un taux de réussite sur le plan national de 68 %, l'hypnose est de loin la méthode d'aide au sevrage tabagique, la plus efficace !"

Cette déclaration n'émane ni d'une secte, ni d'une fédération d'hypnotiseurs, mais du très sérieux journal "Le Monde" (3 décembre 1998).

Or, **Malgré son taux d'efficacité reconnu, l'hypnose est peu utilisée en France dans le sevrage tabagique.**

En revanche, elle tient aux USA la place que tient chez nous l'acupuncture.

Pourquoi boudons-nous cette thérapie naturelle ?

◆ Sans doute parce que l'image de l'hypnose de spectacle lui ôte sa crédibilité.

◆ Sans doute aussi par peur d'être manipulés par un hypnotiseur sans scrupules.

Or, contrairement à l'idée reçue à travers les médias et les films, l'hypnose n'est pas la prise de pouvoir d'un démiurge tout puissant sur un pauvre patient médusé.

◆ Sans doute encore parce qu'il est difficile de se faire une opinion, car il y a autant de manières de pratiquer l'hypnose que d'hypnotiseurs.

L'HYPNOSE THÉRAPEUTIQUE

L'hypnose thérapeutique est, le plus souvent, associée à des méthodes comportementales : imagerie, suggestions, désensibilisation, auto relaxation, méthodes aversives, renforcements positifs ou négatifs, comportements de substitution...

Il devient de ce fait très difficile d'évaluer ce qui revient à l'hypnose et autres formes de thérapies comportementales d'accompagnement.

Pour mieux comprendre l'évolution de l'hypnose au fil du temps, j'ai demandé au Pr Samitman qui pratique une forme d'hypnose "très tendance", l'hypnose Ericksonienne de définir les différences entre l'hypnose souvent brutale des pionniers et les techniques d'induction hypnotique récentes beaucoup plus soft.

L'AVIS DU SPÉCIALISTE

L'hypnose dont on ne comprend toujours pas le mode d'action exact, varie dans ses méthodes d'induction d'une époque à l'autre. Au début du 20e **Messmer**, **Charcot**, **Bernheim**, obtenaient la transe hypnotique par des moyens relativement autoritaires.

L'induction était faite sous forme d'ordres et de *passes magnétiques*, faisant apparaître l'hypnotiseur comme un magicien aux pouvoirs supra humains.

À l'époque, ce système apparaissait cohérent, compte tenu de l'aspect hiérarchique des rapports sociaux.

Les médecins, eux-mêmes, n'échappaient pas à ce travers se faisant respecter par leurs patients au moyen d'un vocabulaire incompréhensible du profane et d'une attitude bienveillante mais très hiérarchisée.

L'hypnose étant un état induit par la dissociation, tous les moyens étaient employés :

- ◆ Ordre bref : *Dormez, je le veux !*
- ◆ Basculement arrière.
- ◆ Confusionnisme agressif.

Tout était bon, afin d'obtenir la transe !

L'hypnose "revisitée" par Erickson n'a plus grand-chose à voir avec cette hypnose archaïque dont Freud rejette l'utilisation.

UN ÉTAT NATUREL

Pour Erickson, l'hypnose est un état naturel: nous sommes plusieurs fois par jour intériorisés dans un état dans lequel nous ne percevons plus ce qui nous entoure (rêveries, conduite automobile "automatique", feu dans l'âtre, TV...)

Il suffit de guider le patient vers cet état naturel qu'il retrouve quasi automatiquement et la transe s'établit.

C'est ainsi que pour le psychiatre américain, l'hypnotiseur est un "guide" prêtant sa voix au sujet qui procède à sa propre hypnose et non pas un intervenant coercitif. (Toute hypnose est auto hypnose)

Après relaxation du patient, le "guide" induit par la voix une descente vers l'intérieur, – descente agréable et profonde vers un état de calme et de bien être qui permet d'ouvrir les portes de l'Inconscient.

LA LÉVITATION DU BRAS

Puis, la transe obtenue est approfondie par plusieurs techniques dont la lévitation du bras.

◆ Le "guide" établit alors le contact avec l'Inconscient dans le but d'apprendre de lui, les raisons du trouble à corriger ou non, car cette correction se doit de respecter l'écologie du sujet.

UN DIALOGUE AVEC L'INCONSCIENT

◆ Le dialogue avec l'Inconscient se fait par l'entremise de signaux codés, mis au point préalablement, ou bien, tout simplement, en faisant parler la personne en transe.

◆ Plusieurs protocoles sont utilisés par le guide. Protocoles d'une grande précision car l'Inconscient étant littéral, chaque mot a son importance.

- ◆ Les séances durent d'une heure à deux heures et plus si nécessaire.
- ◆ Aucune fatigue n'est ressentie par le patient qui, dans l'état agréable ou il se trouve, reste parfaitement conscient de ce qui se joue en lui et même autour de lui.
- ◆ Les schémas appliqués par le praticien et codifiés par Erickson font l'objet d'un discours particulier visant à "recadrer" les processus inconscients qui ont pour objet de protéger la personne. Ils se sont formés au cours de la vie du patient mais peuvent, par répétition excessive, induire une "mal a dit".

UN ÉTAT DISSOCIÉ

L'hypnose est un état dissocié permettant aux couches inconscientes de l'esprit de dialoguer avec "l'extérieur". C'est un moyen très puissant.

Dans nos sociétés "rationalistes", le langage utilisé fait peu de place au monde particulier de l'Inconscient.

UNE SORCELLERIE MODERNE

C'est pourquoi, certains esprits chagrins ont comparé l'hypnose à des séances de sorcellerie moderne.

En fait, elles peuvent, parfois en avoir l'apparence, le praticien s'efforçant de parler le langage de l'inconscient.

Le cerveau droit (celui de l'intuition et de l'imaginaire) a ses raisons que le cerveau gauche peut ne pas comprendre.

De mineurs dans certains cas ou le problème physiologique est déjà bien ancré, **les résultats obtenus par hypnose peuvent être renversants!** (de la simple aliénation du symptôme à une guérison très rapide et complète). Tout dépend du sujet, de la pathologie à traiter et des mécanismes inconscients sous jacents à ce trouble.

CHOISIR LE BON THÉRAPEUTE

Nous ne saurions trop conseiller la prudence. demander à l'hypnothérapeute ses diplômes, car il doit pouvoir bien manier les techniques et protocoles d'induction et posséder un minimum de connaissance en psychologie voire en psychanalyse.

Le titre de Docteur en psychologie permet au praticien d'utiliser la dénomination de psychologue mais ceci n'est pas essentiel. Le bagage universitaire n'étant pas garant de l'habileté de l'hypnotiste. Par contre, celui-ci doit avoir reçu une formation sérieuse dans une institution reconnue soit en France, soit à l'étranger (Institut Milton Erickson, NPL New York Training Institute.).

L'hypnose ayant été mise en exergue par les médias depuis peu, le sujet est à la mode et attire de plus en plus de "vocations floues" et de personnes qui considèrent qu'une formation d'un week-end suffit.

Le plus étonnant est que ces mêmes thérapeutes peuvent obtenir des résultats, compte tenu du fait que c'est le sujet qui se met en hypnose lui-même, de toute manière.

LE CHOIX DU PROTOCOLE

Par contre, le choix du protocole thérapeutique est très important et relève de la compétence du praticien.

Importants, également, les mots échangés entre le sujet et le thérapeute, en début et en fin de séance, qui vont "ancrer" tout le bienfait du traitement.

La pratique de l'hypnose requiert de la part du praticien un réel "amour" pour ses patients et un total respect de la personne.

- ◆ Gestes déplacés.
- ◆ Manque d'assurance dans le débit vocal.
- ◆ Références à un spiritualisme "de bazar"...

Fuyez et ne revenez plus !

Par contre, le bon thérapeute trouvé, les progrès, de séance en séance, peuvent être spectaculaires.

Souvent, une seule séance suffit, dans le cas d'un symptôme aisé à corriger comme la dépendance au tabac.

Puissante psychothérapie, l'hypnose d'inspiration ericksonienne peut soulager nombre de maux de l'âme et quelques-uns du corps.

Longtemps reléguée au rayon ésotérique et paranormal, l'hypnose regagne aujourd'hui sa place au sein du monde médical et psychiatrique.

*

* *

LES 3 STADES DE L'HYPNOSE

Il y a, en fait, plusieurs stades dans l'hypnose et chacune induit un travail et une finalité différente.

Il est bon de connaître les 3 stades d'induction hypnotique afin de viser juste, sans griller les étapes.

I Premier stade : un état proche de l'état normal

Il s'agit d'un état très proche de l'état normal quotidien.

- Le sujet est conscient de tout ce qui l'entoure.
- Il entend. Il a une sensation de liberté telle qu'il lui semble pouvoir se lever volontairement, puis revenir s'asseoir pour retomber dans le même état.
- Si l'hypnotiseur lui demande de lever le bras, il assiste au geste qu'il accomplit avec la sensation de pouvoir l'interrompre à volonté.
- Simplement, il n'a pas envie de le faire et ceci pour deux raisons :

  1. Il ne veut pas contrarier l'hypnotiseur.
  2. Craignant de faire échouer l'expérience, il décide d'obéir à l'hypnotiseur.

Peu importe, en fait, les justifications inconscientes qu'il va se donner, le sujet réagit.

Dans cet état, il peut continuer à critiquer à tout instant ce qu'il entend. Il doute de son état d'hypnose.

L'hypnotiseur devra alors lui faire pratiquer certains actes exceptionnels pour lui faire admettre qu'il ne contrôle plus la totalité de son cerveau.

En sortant de cet état, le sujet affirme en général qu'il n'a pas été hypnotisé.

2 Deuxième stade : un espace étranger à la conscience

Dans le stade n° 2, le sujet a endormi ses facultés critiques.

- Il continue à communiquer.
- Il reçoit des messages du monde extérieur.
- Mais, lorsqu'on le réveillera, il ne se souviendra plus de ce qui s'est passé.

On a vu des sujets commencer une phrase et la terminer vingt minutes plus tard.

L'intervalle marque un séjour dans l'état hypnotique stade 2, comme dans un temps et un espace étranger à la conscience.

2 Troisième stade : le coma hypnotique

Le troisième stade de l'hypnose n° 3 est caractérisé par un état très profond, dans lequel le sujet n'a plus de conscience du tout.

- Il a rompu toute relation avec le monde extérieur.
- Il n'entend plus rien.
- Il est comme anesthésié.

C'est pourquoi l'étape n° 3 est souvent désignée sous les noms de coma hypnotique ou d'état léthargique. Un état qui, en fait, est bien souvent, un état de fuite.

LES 5 MÉTHODES DE SEVRAGE

Il y a 5 façons de pratiquer l'hypnose. quand il s'agit de sevrage tabagique :

1. Suggérer au fumeur de changer de comportement.

2. Hypnotiser pour qu'il modifie sa perception de son comportement de dépendance.

3. Faire de l'hypnothérapie, c'est-à-dire utiliser l'hypnose comme adjuvant à la psychothérapie verbale.

4. Pratiquer l'hypnoaversion, c'est-à-dire suggérer au sujet que fumer lui répugne.

5. L'autohypnose, comme adjuvant du traitement hypnotique.

UNE THÉRAPIE MILLÉNAIRE

◆ L'hypnose est pratiquée depuis l'antiquité. Plus près de nous, au XIXe siècle, le Pr Charcot pratique l'hypnose à l'hôpital de la Salpêtrière pour traiter avec succès des phénomènes d'hystérie. Freud, lui-même eut recours à l'hypnose dans la mise au point du phénomène de transfert.

◆ Par la suite, l'hypnose a donné naissance à de nombreuses thérapies dont l'efficacité en psychothérapie, autosuggestion, est aujourd'hui bien reconnue.

◆ Médecins, psychologues, psychiatres, dentistes, chirurgiens, utilisent, après une formation spécifique, les pouvoirs de l'hypnose.

◆ Certains hôpitaux l'utilisent déjà (chirurgie esthétique, anesthésie. On peut donc aujourd'hui parler d'une thérapie à part entière.

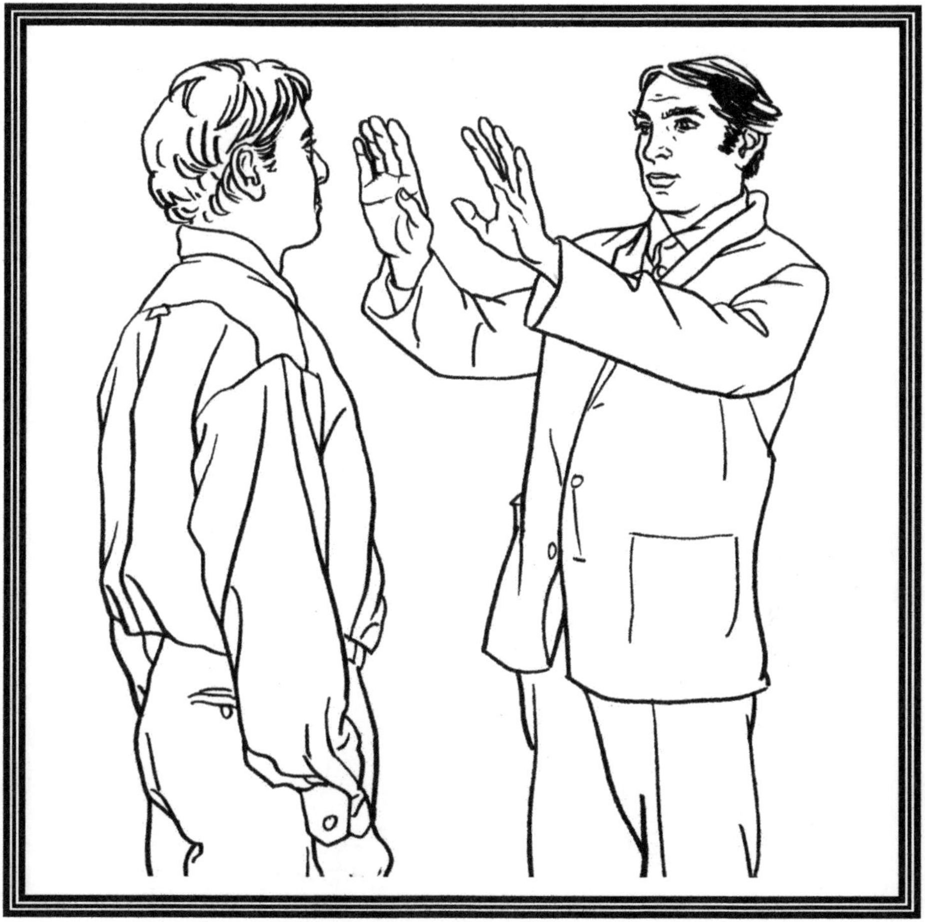

TECHNIQUE D'ATTRACTION EN ARRIÈRE

A QUOI SERT L'HYPNOSE?

Hormis le déconditionnement au tabac (ou autres excitants), l'hypnose offre un champ d'application dans de nombreux domaines.

● **En psychiatrie:** les régressions hypnotiques permettent de faire revivre des situations traumatiques et de les guérir, grâce à des suggestions.

● **Dans la police:** l'hypnose permet de réactiver la mémoire des témoins et de déceler, chez un individu, certaines pulsions criminelles.

● **Dans les services spéciaux:** l'hypnose abaisse la résistance d'un "agent" lors des interrogatoires. Elle agit comme le sérum de vérité, sans les effets secondaires.

● **Dans l'enseignement:** l'hypnose permet l'apprentissage facile des langues. Prévient le trac relatif aux examens. Fixe la mémoire.

● **Dans le secteur santé :** l'hypnose permet d'accoucher sans douleur ni péridurale. De subir des soins dentaires ou même une opération sans anesthésique (idéal pour les cardiaques). Au quotidien : insomnies et douleurs peuvent être soulagées grâce à l'hypnose.

● **Dans la vie quotidienne :** l'hypnose permet de zapper en arrière pour retrouver un objet perdu (clefs, sac...) ou encore une adresse, un numéro de téléphone...

LE SÉSAME DE L'HYPNOSE : LE CRÉDIT MORAL

Pour hypnotiser, vous n'avez besoin ni d'une voix forte et prenante, ni d'un regard fascinateur, ni d'une stature imposante. Il vous faut simplement un peu de technique et un crédit moral vis-à-vis de votre sujet. En effet, vous ne mettrez pas sous hypnose des gens qui vous connaissent dans les moindres détails.

Je m'explique. Vous êtes secrétaire, cuisinier ou père de famille. On vous aime pour ce que vous êtes et, soudain, vous présentez une autre facette de votre personnalité. Là, 2 cas de figure se présentent :

◆ **Vous êtes peu expansif** et vous savez cultiver votre jardin secret. : ça peut marcher, à condition de laisser entendre, à mots couverts, que vous pratiquez l'hypnose depuis des années, dans un cercle, une confrérie, une société secrète… et que vous souhaitez – à titre exceptionnel faire partager à certaines personnes dont vous connaissez la discrétion - le fruit de votre initiation. Votre discours va surprendre, mais si vous y mettez les formes, vous aurez devant vous un public conquis, prêt à accepter de se plier à l'expérience.

◆ **Vous êtes extraverti,** convivial, tout d'une pièce et personne n'ignore vos centres d'intérêt : n'essayez même pas, car votre personnalité vous colle à la peau et vous ne réussirez pas à la transcender.

Gardez vos expériences pour des personnes nouvelles qui ignorent tout de votre réelle personnalité.

LA FIXATION D'UN OBJET BRILLANT

La fixation d'un objet brillant... pierre ou pendule, accompagnée de suggestions verbales répétitives que je définis dans les exercices suivants, facilite l'état hypnotique.

Une bague, ornée d'une pierre semi-précieuse comme l'œil-de-tigre, l'opale ou encore une améthyste peut servir de catalyseur.

◆ Demandez (ou plutôt intimez l'ordre) à votre sujet de fixer le chaton de cette bague (ou encore de cette pierre non montée) sans le perdre un instant des yeux.

◆ Dans le cas du pendule (de préférence en cristal) balancez-le devant les yeux du sujet une vingtaine de fois d'avant en arrière, puis une vingtaine de fois de gauche à droite, sans que jamais il ne le quitte des yeux, c'est irrésistible.

(...)

LA MEILLEURE SOLUTION

C'est celle qui vous permet d'être à l'aise et d'associer gestes et paroles, le plus naturellement du monde.

Pour ma part, j'ai un petit faible pour le pendule car, non seulement il induit l'état hypnotique, mais le balancement droite/gauche, alterné avec le balancement avant/arrière, produit un effet de dédoublement très déstabilisant.

Le sujet perd son esprit critique, ce qui facilite grandement… la suite des opérations.

TECHNIQUES DE SUGGESTION VERBALE

Lorsque vous fascinez votre sujet par un objet visuel, il faut aussi apprivoiser son inconscient. Cette suggestion verbale répond à des règles précises.

● **La suggestion doit être courte**
Notre cerveau peut traiter entre 5 et 7 données simultanées : après… c'est le chaos !

● **La suggestion doit être affirmative**
Vous avez sommeil, vos paupières se ferment… C'est clair et sans discussion possible.

● **La suggestion doit être concise et imagée**
Votre bras est lourd comme du plomb : un exemple simple de suggestion précise et efficace.

● **La suggestion doit être positive**
Elle sera d'autant mieux acceptée qu'elle apportera un mieux profond à l'individu. Exemple s'appliquant à un

fumeur : *Vos poumons se dégagent, votre respiration est profonde et tonique, votre désir de fumer diminue.*

● **La suggestion doit être répétitive**

En état d'hypnose, chaque répétition approfondit la précédente. Exemple : *Vous avez sommeil, de plus en plus sommeil, chacune de mes paroles vous plonge dans un sommeil de plus en plus profond…*

● **La suggestion doit être réalisable**

À défaut, elle provoquera un tel conflit psychologique que : soit il ne se passera rien, soit le sujet fuira vers le réveil, mais sera stressé.

LES SUGGESTIONS POST-HYPNOTIQUES

● **La suggestion peut être instantanée ou différée**

- *Tendez votre bras droit en avant.*
- *Quand je dirais 3... vous tendrez votre bras en avant.*

● **La suggestion peut être intra ou post-hypnotique**

- Intra-hypnotique : elle se passe pendant l'hypnose.
- Post-hypnotique : elle concerne l'après hypnose selon un des 3 schémas suivants :

1. Lors d'une hypnose suivante.
2. Lors de la phase dite éveillée, ce qui fait la joie du public quand un célèbre hypnotiseur, alors que le spectateur regagne sa place, le paralyse brutalement d'un seul mot.
3. Lors du sommeil naturel, ce qui fait jouer à la suggestion post-hypnotique un rôle important en pédagogie.

À noter : La suggestion post-hypnotique a parmi ses caractéristiques :
- de ne pas être exécutable chez certains sujets, si elle ne s'inscrit pas dans une logique qui la justifiera,
- de comporter dans sa structure la définition du signal qui réinduira l'état hypnotique.
Au douzième coup de l'horloge... ou lorsque je prononcerai le chiffre...

Cette suggestion post-hypnotique et son signal rendent possibles chez certains sujets l'hypnose téléphonique ou par lettres.

TECHNIQUES DU RÉVEIL

Je vous rassure tout de suite, si vous échouez votre cobaye ne va pas jouer les belles au bois dormant et dormir 100 ans ! Il se réveillera de lui-même, au bout de 15 mn ou de 2 h, selon la profondeur de son hypnose mais aussi... de son degré de fatigue.

Toutefois, ne pas être capable d'effectuer vous-même le réveil peut se révéler traumatisant pour le sujet (palpitations, rigidité musculaire, vertiges...).

◆ Vous devez donc, quand votre sujet est encore sous hypnose, lui intimer l'ordre d'ouvrir les yeux selon un code précis. Exemple :

- Je vais compter à rebours de 10 à 0 et, quand je dirais 0, vous ouvrirez les yeux...

◆ Quand vous arriverez au 0 programmé, prononcez-le doucement mais fermement, et accompagnez-le d'un claquement de doigt.

◆ Il est également souhaitable d'ajouter une phrase du genre :

- *Quand vous ouvrirez les yeux, vous serez bien, parfaitement reposé et dispos.*

*

*   *

L'hypnose, c'est un peu comme piloter un avion : il faut réussir le décollage, effectuer un vol sans faute et atterrir en douceur.

ET L'HYPNOSE DE SPECTACLE?

Quand on parle d'hypnose, c'est très souvent l'image de l'hypnotiseur de spectacle qui vient à l'esprit. Cette confusion des genres (volontairement entretenue par les intéressés) est accentuée par le fait qu'aujourd'hui, le plus grand nombre de cassettes antitabac, sont signées par des hypnotiseurs que vous avez pu voir dans leur show sur scène ou à la télé (Dany Dan, Chris...). En vérité, il existe trois catégories d'hypnotiseurs de spectacle.

1. Les vrais hypnotiseurs, qui connaissent bien les techniques de l'hypnose.

Ils choisissent dans l'assistance des sujets qui seront, à leur avis, de bons cobayes. En agissant de la sorte, ils prennent le risque de créer ou d'accentuer des déséquilibres ou des traumatismes chez ceux qui se prêtent à l'exercice et à qui ils n'ont pas fait passer de tests préalables.

2. Les hypnotiseurs qui travaillent avec des sujets préparés à l'avance.

La séance a été répétée, l'hypnotiseur a pris son temps, afin de maîtriser les relations avec son cobaye, et d'obtenir rapidement les effets recherchés pour étonner le public.

3. Les hypnotiseurs comédiens.

Ils organisent des simulations complètes, avec l'aide complices. L'hypnose peut alors être totalement absente du débat.

Chapitre 10

AUTO HYPNOSE : LA CASSETTE

La cassette enregistrée ❒ Formule d'émergence Formule d'induction hypnotique ❒ Formule de programmation ❒ Le secret des mandalas ❒ Les messages subliminaux.

L'AUTO HYPNOSE permet à chacun de bénéficier des bienfaits de l'hypnose, sans la présence d'un guide. Il s'agit d'une méthode Coué améliorée qui profite d'états de conscience modifiée **pour implanter dans l'inconscient des idées force** comme arrêter de fumer, par exemple.

Cette suggestion peut être induite par différentes méthodes pratiquées en solo même si, parfois, vous avez besoin d'un guide pour préparer le terrain avant une séance.

Vous devez, avant d'aborder une séance d'auto-hypnose avec cassette d'induction choisir entre deux méthodes :

1. Une cassette antitabac réalisée par un hypnologue

Il en existe des centaines et beaucoup sont efficaces. Vous trouverez ce type de cassette dans de nombreuses librairies - ésotériques ou non - les magasins de produits naturels, les pages des revues de médecines douces… Si vous hésitez, demandez conseil au vendeur ou fiez-vous à votre intuition.

La cassette "toute faite" est la méthode d'auto hypnose la plus simple, celle qui vous permet d'être cadré mais sans l'ingérence directe d'un thérapeute.

Et si ça ne marche pas, pour des raisons de voix, de formulation, de cadence ou de feeling tout simplement, essayer plusieurs cassettes vous coûtera moins cher qu'une consultation en cabinet.

2. Une cassette réalisée par vous-même

Avec votre propre voix. Votre propre rythme. Vos propres formulations (inspirées de celles que je vous propose dans ce chapitre). **Très efficace pour certains.** Navrante pour d'autres. C'est la méthode "quitte ou double" mais qui mérite d'être essayée.

CRÉER L'AMBIANCE

Vous avez choisi votre méthode d'induction, il vous faut, à présent créer l'ambiance de la pièce où vous allez officier et les conditions du "décollage".

- **Calme et isolement.** Pour vous mettre en état d'auto hypnose, il faut d'abord vous isoler dans le calme, la tranquillité, le silence ou une ambiance musicale apaisante.
- **Ordre et méthode.** Pour ne pas rompre l'ambiance ou l'état de grâce que vous aurez créé, vous devez avoir à

portée de main tous les accessoires indispensables. La cassette d'induction et son lecteur pour la première ou la seconde formule d'induction.

- **Relaxation.** Il faut ensuite vous allonger corps au repos, dans une quasi-immobilité. Voir chapitre consacré à la relaxation si vous n'êtes pas déjà un familier de cet état.
- **Concentration.** Une grande difficulté réside dans le fait de parvenir à calmer les idées parasites qui pullulent dans la tête. Vous devez vous concentrer sur l'idée fixe du résultat à atteindre.

Vous serez aidé dans cette concentration par la fixation de la flamme d'une bougie, une séance de méditation ou la contemplation d'un mandala.

L'AUTO-PROGRAMMATION MENTALE

Entre la cassette du commerce, assez anonyme, dont les suggestions ne sont pas forcément adaptées :

- à votre sexe,
- à votre niveau intellectuel,
- à vos motivations particulières,

et la cassette enregistrée par vous-même, il existe un moyen terme : **l'autoprogrammation mentale.**

L'induction est réalisée à partir d'un enregistrement initial fait par un hypnologue avec lequel vous aurez déjà eu un ou plusieurs entretiens.

Les formulations positives, choisies et adaptées à votre personnalité, seront ensuite enregistrées par vous-même.

Pourquoi, me direz-vous, effectuer ce double travail au lieu d'avoir recours directement à une séance d'hypnose avec le thérapeute en question ?

◆ Parce que votre inconscient n'opposera aucune résistance à l'induction hypnotique en l'absence de toute présence importune.

◆ Parce qu'il acceptera d'autant plus aisément les suggestions qu'il reconnaîtra votre voix.

ENREGISTREZ VOTRE SÉANCE D'AUTO-HYPNOSE

Nous allons voir, à présent, comment travailler sans filet. C'est-à-dire, enregistrer, en direct, votre propre séance d'auto-hypnose.

Je vous conseille vivement de bien répéter vos formules avant de les enregistrer car si vous balbutiez ou achoppez sur un mot, il faudra tout reprendre à zéro.

Même si vous êtes extraordinairement doué, il est peu probable que votre induction hypnotique vous entraîne dans un sommeil profond. Toutefois, enregistrer **une formule d'émergence** rassurera les personnes angoissées et permettra aux autres de revenir du "voyage" en pleine forme.

Votre voix doit être audible avec un débit régulier et une faible intensité sonore.

LA FORMULE D'ÉMERGENCE

Je sais, qu'à tout moment, je pourrai sortir de l'état hypnotique que je vais créer, en portant ma main gauche à mon visage.

Même dans un état de grande lourdeur, ma main gauche pourra toujours se porter à mon visage, si je le décide.

Je sais donc que si les circonstances extérieures le nécessitent, je sortirai de mon état hypnotique, de la même façon que je peux sortir d'un sommeil naturel, quand cela est nécessaire.

LA FORMULE HYPNOTIQUE

Vous allez à présent enregistrer la formule d'induction hypnotique (pages suivantes) qui va vous plonger dans un état modifié de conscience favorable à la suggestion.

LA FORMULE D'INDUCTION HYPNOTIQUE

Ma tête s'alourdit.
Ma respiration est calme et régulière.
Toutes mes tensions musculaires se relâchent.
Tous mes nerfs se dénouent.
Les battements de mon cœur
sont calmes et réguliers.
Comme si mon corps n'existait plus.
Comme si je devenais un pur esprit,
un cerveau actif dont la volonté
soumet parfaitement mon corps
à ses décisions judicieuses et motivées.
Je me sens parfaitement en sécurité,
comme dans une bulle protectrice.
Je me libère de mes tensions,
de mes soucis, de mes angoisses.
Des solutions aux problèmes rencontrés
vont apparaître. Mon esprit s'engourdit.

Je m'apprête maintenant à écouter ma voix.
La voix de la sagesse, la voix du bon sens.
La voix qui a à cœur la défense de mes intérêts.
Je sais que je veux obtenir un résultat.
Je sais que je vais l'obtenir.

J'écoute calmement ma voix
qui maintenant parle.

Je suis à l'écoute de moi-même.
Je suis dans un état second.

Ma réceptivité est parfaite.
Je me programme.

Après cette formule d'induction hypnotique, vous allez enregistrer sur votre cassette la formule de programmation qui vous libérera du tabagisme.

LA FORMULE DE PROGRAMMATION

Ma décision est ferme et irréversible.
Je m'écoute et je m'obéis.

Je sais qu'à la fin de cet enregistrement,
je pourrai soit plonger dans un sommeil naturel,
soit revenir à un état de conscience normal
en fonction de ma décision initiale.

Je m'écoute. Je me programme. Je m'obéis.
Ma décision a pour moi force de loi.
Ma décision est irrévocable.

Ma décision est sans appel.
Je m'y soumets avec joie et bonheur.

Comme un bagnard libéré du bagne,
je me débarrasse, pour toujours,
du boulet que le tabac représentait pour moi.

Pour franchir la frontière d'un monde à l'autre
et m'évader de la prison où j'étais enfermé,
je cesse toute utilisation du tabac.

Je substitue à l'utilisation de ce poison
le plaisir de boire de l'eau fraîche,
de respirer l'air frais à pleins poumons,
de savourer les aliments lors des repas.

Bien sûr, les formules que je vous propose sont un schéma sur lequel vous pouvez broder à condition, toutefois, de garder le rythme répétitif même si cela vous paraît outrancier voire... légèrement pompier!

Les effets peuvent être puissants et immédiats dès la première écoute.

Ils se renforceront et deviendront de plus en plus définitifs à chaque écoute de cet enregistrement.

L'AVIS DU DR GUIBAL, HYPNOTHÉRAPEUTE

L'auto hypnose peut agir avec succès une désaccoutumance au tabac. Néanmoins, l'inconscient n'est pas tout puissant dans cette sphère et la motivation consciente du sujet est fondamentale. L'association "plaisir tabac" qui date de 20 ou 40 ans n'est pas expugnable en 2 séances voire 10.

L'habitude et le besoin corporel sont tels qu'il faudra du temps et des efforts importants au sujet pour éradiquer ce "pattern".

En général,la compulsion tabagique est un symptôme de conflits internes ou d'un manque d'assurance, donc, d'un lien social perturbé, c'est pourquoi l'auto hypnose qui implique une véritable prise en charge du sujet par lui-même est une des méthodes de sevrage tabagique les plus efficaces. Je me permettrai toutefois d'ajouter que le recours initial à un guide, permettra d'éviter au patient bien des erreurs.

LE SECRET DES MANDALAS

Dans trois chapitres de ce livre : relaxation et méditation, hypnose, auto hypnose, je vous propose des mandalas qui vous permettront, par simple fixation, de faire le vide mental et d'atteindre l'état de sérénité ou de transe.

Quelle est donc l'origine de ces mandalas ?

Le mot même est issu du sanskrit mais on retrouve ce type de dessin initiatique, représentant l'ordre universel, dans toutes les traditions et même dans la Nature.

◆ Les rosaces des vitraux des cathédrales sont des mandalas.

◆ Le sceau de Salomon et le pantagramme sont des mandalas.

◆ Le cœur d'une rose, la coquille d'un escargot, une toile d'araignée sont des mandalas…

Perdus dans l'immensité du Cosmos comme dans un labyrinthe, le mandala, véritable fil d'Ariane, nous ramène à l'essentiel : le centre.

- Pour les croyants ce centre représente Dieu.
- Pour les autres : l'ego. Le Moi profond.

Les mandalas que j'ai choisis pour vous aider dans votre parcours sont des labyrinthes complexes au pouvoir fascinant. Vous y perdre pour mieux vous retrouver : tel est le but. Vous pouvez y plonger sans crainte car, je vous en fais la promesse, aucun Minotaure ne se tapit dans ces dédales.

LE MANDALA DU KI : SÉRÉNITÉ ET IMAGE PERSISTANTE

1. Scotchez ce mandala sur un mur uni, dans un endroit assez sombre et éclairez-le bien (avec un projecteur ou un halogène orientable).

2. Fixez-le intensément quelques minutes puis fermez les yeux.

RÉSULTAT

L'image qui se formera dans votre oeil intérieur ne sera pas un signe noir sur fond blanc mais l'inverse.

C'est ce qu' l'on appelle une image persistante, celle qui fait apercevoir la couleur contraire complémentaire de la première.

LES MESSAGES SUBLIMINAUX

Une suggestion peut être normale ou subliminale.

◆ La suggestion normale est destinée à être entendue.

◆ La suggestion subliminale ne doit pas l'être.

◆ La vingt-cinquième image invisible (mais présente) injectée dans un film.

◆ Les phrases dites à grande vitesse – ou trop faiblement pour pouvoir être entendues – sont des voix subliminales.

L'utilisation des images subliminales est interdite légalement. Toutefois, nombre de publicitaires n'en ont cure.

(...)

DES TECHNIQUES DE CONDITIONNEMENT

Il parait même que le film ET aurait été entièrement basé sur des techniques de conditionnement (vingt-cinquième image et messages subliminaux) et que c'est là une des raisons de son immense succès.

Les cassettes d'auto hypnose utilisent les messages subliminaux afin d'atteindre directement notre inconscient. Certaines l'affichent clairement, d'autres non.

Important : Si vous désirez construire, vous-même, des suggestions subliminales, vous devez gommer tous les mots de structure et ne garder que les verbes et les noms.

MOBILISEZ L'ÉNERGIE QUI EST EN VOUS

Chaque jour, nous épuisons nos réserves énergétiques et les reconstituons : grâce à l'air que nous respirons, à la nourriture que nous absorbons et aux forces émanant du soleil et de la lune. Au cours de votre cure antitabac, vous aurez plus que jamais besoin de mobiliser l'énergie qui est en vous pour lutter contre l'état de manque. **Cet exercice vous aidera à aller chercher, au plus profond de votre être la force de lutter contre cette envie de fumer qui vous tenaille.**

*

* *

◆ Détendez-vous et respirez profondément.

◆ Frottez vos paumes ensemble une vingtaine de secondes. Lentement pour commencer, puis de plus en plus vite.

◆ Sentez vos muscles se tendre. Sentez vos paumes se réchauffer.

◆ Arrêtez brusquement et placez vos paumes à cinq centimètres l'une de l'autre. Vous allez ressentir des picotements.

COMMENTAIRE

En frottant les paumes de vos mains ensemble et en mettant à contribution les muscles de vos bras et de vos épaules, vous mobilisez l'énergie.

Cette énergie s'échappe de vos paumes lorsque vous les écartez l'une de l'autre.

Si vous ne sentez rien, pratiquez cet exercice une ou deux fois par jour, jusqu'à ce que vous y parveniez.

Chapitre 11

L'AUTO HYPNOSE : MÉTHODES D'INDUCTION DIRECTE

Les états de conscience modifiée ❐ L'induction directe ❐ La méthode Coué ❐ Une expérience amusante ❐ Le troisième œil ou les secrets de la glande pinéale ❐ Le chaos visuel ❐ Le mixage phosphénique ❐ Projection d'une image dans un phosphène ❐ Mandalas d'auto hypnose

Ce chapitre s'adresse, en priorité, à ceux qui ont déjà une petite expérience de "mise en alpha" volontaire. Ceux qui pratiquent la relaxation, la méditation, le yoga et n'ont pas besoin de méthodes plus sophistiquées pour atteindre rapidement l'état de transe. Pour les autres, découvrir les **phosphènes** est une expérience amusante et facile même si cela ne suffit pas à les "transcender".

LES ÉTATS DE CONSCIENCE MODIFIÉE

Une simple lampe de 75 watts va vous permettre de découvrir ce que les Scientifiques appellent les États de Conscience Modifiée ou E.C.M.

Comme Monsieur Jourdain faisait de la prose sans le savoir, vous avez sûrement déjà vécu l'expérience des phosphènes, sans en avoir conscience.

Un soir, vous avez fixé votre lampe de chevet avant d'éteindre la lumière, ou encore, un été sur la plage, après avoir observé quelques secondes le soleil, vous avez fermé les yeux et sont apparus, sous vos paupières closes, des ronds lumineux, cernés de couleurs chatoyantes et changeantes.

Ce résidu visuel lumineux: ce sont les phosphènes, et leur rôle est si important que dans les écoles primaires, au Canada, les séances de phosphènes font partie intégrante du programme scolaire.

Dans quel but?

- L'amélioration de la vue pour les écoliers, mais aussi pour les personnes visuellement déficientes.
- La fixation de l'attention pendant les cours.
- Le développement de la mémoire pour apprendre les leçons et faciliter l'apprentissage des langues.
- L'accès au développement des facultés paranormales (clairvoyance, télépathie, magnétique).
- Pour induire l'état de transe hypnotique et rendre celui qui pratique, perméable à la suggestion ou à l'autosuggestion.

PHOSPHÈNES : LA DÉCOUVERTE

À l'origine de cette thérapie, un médecin français, le Dr Lefébure, une sorte de Pr Nimbus qui me fit l'honneur d'être de mes amis.

À près avoir découvert que la fixation de la lumière permettait d'obtenir un État de Conscience Modifié (mise en alpha notamment), idéal pour accentuer la réceptivité à l'enseignement mais aussi aux suggestions et autosuggestions, le Dr Lefébure délaissa l'aspect médical et pédagogique des phosphènes pour revisiter croyances et rituels, religieux ou magiques, sous l'angle de ces petits ronds de couleur.

Cela nous valut, sous la plume du bon docteur, une littérature luxuriante et précieuse mais, parfois, légèrement obsessionnelle.

On y apprend, en effet, que le singe devint intelligent, grâce aux phosphènes, que le Christ devint fils de Dieu, grâce aux phosphènes… Il n'en demeure pas moins que l'enseignement du Dr Lefébure est un atout maître pour pratiquer l'auto hypnose et faciliter le sevrage tabagique.

LA TECHNIQUE

- Achetez une ampoule de 75 watts opaque (sans filaments).
- Placez-vous à environ 50 cm de cette ampoule et fixez-la pendant 1 minute environ.
- Fermez les yeux très fort, au besoin même, comprimez légèrement vos globes oculaires avec vos doigts. Vous allez voir défiler sous vos paupières closes une succession de ronds lumineux aux couleurs changeantes : les phosphènes.

Le centre est de couleur claire, changeante, cernée d'une autre couleur contrastée plus intense.

LE CHAOS VISUEL

Attention : il y a quelques secondes de battement avant que la tache change de couleur, ne rouvrez pas les yeux, attendez le bouquet de ce feu d'artifice : **le chaos visuel**, une véritable explosion de taches blanches.

- Fixez à présent un de ces points blancs. Très vite tout s'effacera et ce point vous apparaîtra en grand.
- A l'intérieur de cette forme, fixez à nouveau votre attention sur un détail.
- D'effacements en effacements, si vous avez la patience d'aller jusqu'au bout (comptez une bonne heure) la dernière vision vous montrera, clairement, les résultats que vous pouvez attendre de votre victoire sur le tabac.

LE MIXAGE PHOSPHÉNIQUE

Vous allez reprendre l'exercice précédent en mixant, pendant le défilé des ronds lumineux une suggestion du type :

- *Je veux arrêter de fumer.*

Mais aussi – car vous débarrasser du tabac c'est important, certes, mais vous avez sûrement d'autres centres d'intérêt, d'autres désirs – :

- *Je veux guérir.*
- *Je veux qu'il (elle) m'aime.*
- *Je veux de l'avancement...*

Vous obtiendrez des résultats concrets après une dizaine de séances, à raison de quelques minutes par jour !

PROJECTION D'UNE IMAGE

Mais ce n'est pas tout, vous pouvez aussi projeter une image dans vos phosphènes.

- Lorsque vous aurez trouvé l'image, la phrase, le symbole ou le mot-clé qui synthétise votre désir, procédez à la création d'un phosphène et, au moment de son apparition, visualisez au centre du cercle coloré, la situation réalisée.

- Procédez ainsi, chaque soir, avant de vous coucher, jusqu'à ce que votre désir se réalise.

Cet exercice ne dure pas plus de 5 minutes et peut amener dans votre vie des changements majeurs.

Toutefois, si au bout d'une semaine, vous ne constatez pas une amélioration pouvant amener à la réalisation de vos souhaits : passez à autre chose !

- Soit les obstacles sont trop nombreux.
- Soit vos aspirations sont trop contradictoires (ou irréalistes) pour pouvoir se concrétiser.

Hormis la méditation, les mandalas, la méthode Coué et les phosphènes, les méthodes d'induction directe peuvent être :

◆ La fixation de la flamme d'une bougie qui, pour certains, possède des vertus hypnotiques, surtout si elle est accompagnée d'encens et d'une musique planante.

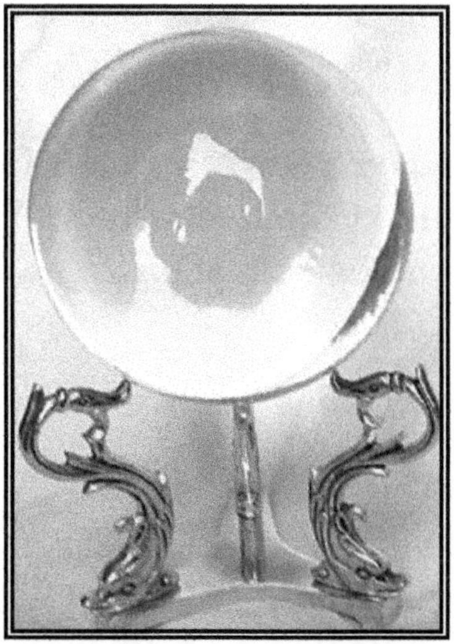

◆ La boule de cristal que vous fixerez du regard comme pour les mandalas, à cela près que vous plongerez de haut en bas au lieu de regarder votre dessin en face.

LA MÉTHODE COUÉ

Injustement tourné en dérision, le Dr Coué fut un pionnier dans le domaine de l'autosuggestion et sa fameuse méthode reste un modèle du genre.

Je vous conseille donc de tourner le dos aux idées reçues et de la tester, vous en retirerez beaucoup de bienfaits.

Chaque soir, quand vous êtes entre veille et sommeil, profitez de ce moment très favorable à l'ouverture de la conscience pour vous répétez – mentalement ou à haute voix – une suggestion positive.

Si vous fumez et souhaitez arrêter :

- *Je ne serais plus jamais l'esclave de la cigarette.*

- *Je ne ressentirai aucun manque.*

- *Je ne prendrai pas de poids.*

(...)

MAIS AUSSI...

Si vous êtes insomniaque :

- Je vais m'endormir facilement et passer une bonne nuit.

Si vous devez passer un examen ou un concours :

- Je vais réussir.

- Je n'aurais pas le trac.

- Je serais le meilleur.

Bien entendu, pour que ça marche il faut :

◆ Condenser votre suggestion en une phrase courte.

◆ Choisir des mots qui vous sont familiers.

◆ Répéter votre suggestion plusieurs soirs de suite.

LE 3E ŒIL OU LES SECRETS DE LA GLANDE PINÉALE

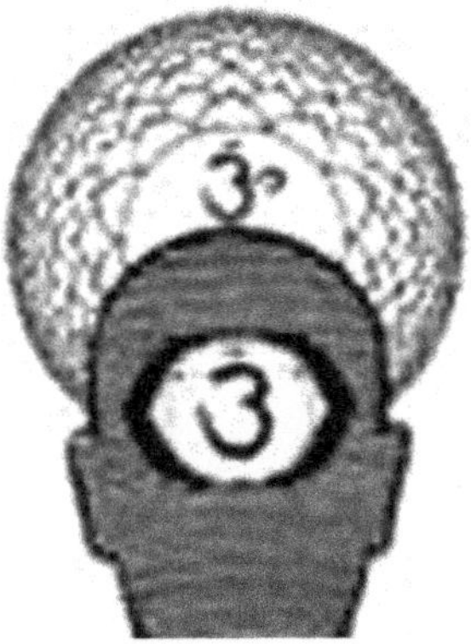

La glande pinéale, située au-dessus d'une région du cerveau appelée diencéphale serait, selon les Tibétains, le siège du fameux troisième œil.

◆ Les lamas, destinés à cultiver la précognition, subiraient une intervention chirurgicale destinée à ouvrir cet œil "fossilisé" qui orne le front des cyclopes dans les récits mythologiques.

◆ Pour le Dr Lefébure,la fixation d'une source lumineuse et la production de phosphènes suffirait pour réactiver la glande pinéale, siège et origine de l'autosuggestion et des merveilleux pouvoirs.

◆ Pour les scientifiques de pointe, la glande pinéale est le siège de production de la mélatonine, une substance dynamisante produite par le cerveau et dont le taux diminue avec l'âge.

Certaines plantes, prises sous forme de gélules, serviraient de starter à une superproduction de mélatonine.

Que croire, sinon que la glande pinéale ne nous a pas encore livré tous ses secrets.

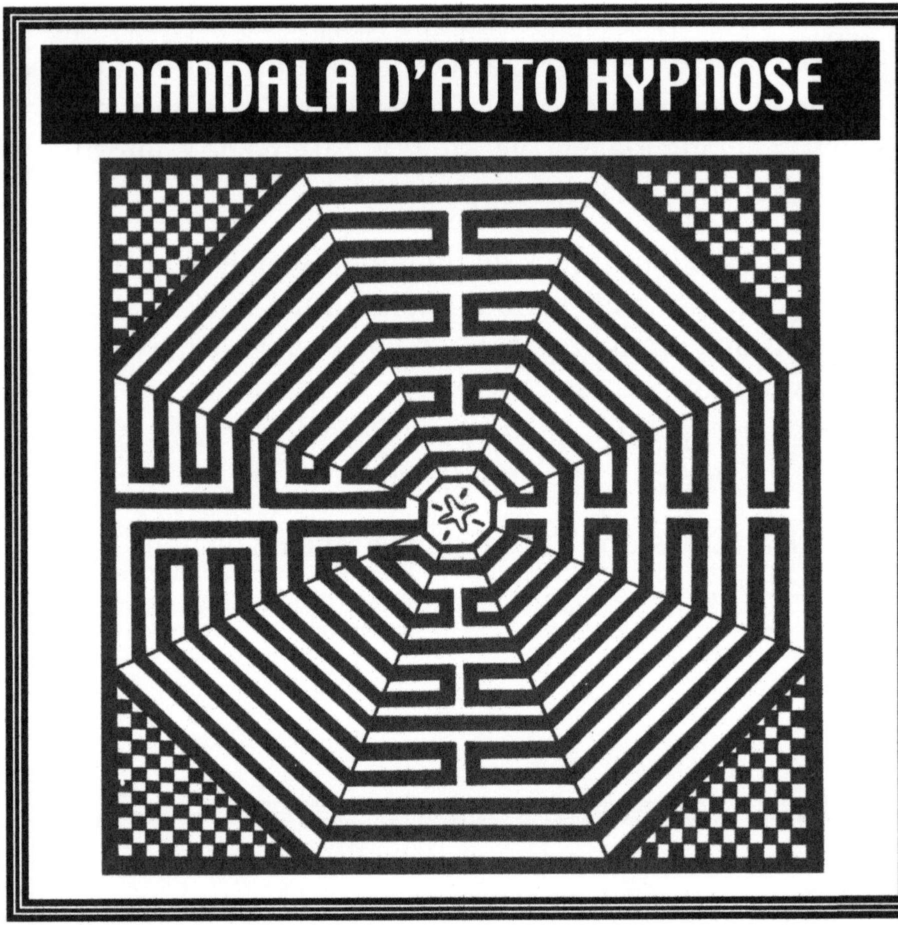
MANDALA D'AUTO HYPNOSE

MANDALA D'AUTO HYPNOSE

UNE EXPÉRIENCE AMUSANTE

◆ Quand le feu d'artifice des phosphènes a commencé, vous allez éteindre la lumière sans ouvrir les yeux.

◆ Si la pièce n'est pas assez sombre (à vérifier avant la séance), dirigez-vous, à tâtons vers les toilettes.

◆ À présent, ouvrez les yeux, vous allez voir votre ampoule colorée se projeter sur le mur en immense et vous pourrez continuer votre séance… les yeux ouverts.

Cette première expérience n'a aucune valeur thérapeutique ou initiatique, mais elle est amusante et peut constituer une excellente entrée en matière, voire même un jeu de société avec des amis.

Chapitre 12

LES DESSINS ACTIFS

Le sceau de Salomon pour vous revitaliser ❐ Le bouclier anti-rechute ❐ L'émetteur d'ondes bénéfiques ❐ Dessin actif pour faciliter votre sommeil.

Les dessins actifs relèvent, pour ceux qui ne pratiquent pas la radiesthésie et ne la vénèrent pas comme une science, de la magie pure et simple.

Pour les aficionados du pendule et de nombreux scientifiques de pointe (comme le Pr Yves Rocard, par exemple) cette parascience a un nom : **la radionique** et, à condition de respecter certaines règles, cette magie moderne est une des clefs de notre bonheur et de notre santé.

COMMENT CA MARCHE ?

Pour être honnête, je n'ai pas plus d'explication "définitive" à vous offrir que pour l'influence des pyramides sur la matière ou de l'acupuncture ou de l'homéopathie sur nos problèmes de santé.

Quant aux hypothèses, émises par des spécialistes, elles sont trop pointues pour tous ceux (moi-même en particulier) qui ne sont pas tombés dans la marmite radiesthésie dès leur plus jeune âge !

Je me contente donc de vous en délivrer (ci-dessus) le principe d'emploi ce qui n'est déjà pas si mal !

Après tout, même au pays de Descartes, pourquoi vouloir toujours "démonter la poupée" ? L'essentiel c'est que ça marche et, parole de profane : ça marche !

L'ÉMETTEUR D'ONDES BÉNÉFIQUES (page 211)

Le losange est un dessin actif puissant, multiplié par 5 (le chiffre de l'homme) il émet des ondes bénéfiques aussi bien sur les humains que sur les animaux et les végétaux.

Vous devez, toutefois, comme pour tous les dessins actifs, orienter le losange dans la direction du nord magnétique (défini grâce à une boussole).

À noter : pour ceux qui n'auraient ni boussole, ni lame de rasoir, le nord magnétique est exactement à l'opposé du nord géographique c'est-à-dire qu'il indique le sud géographique.

Ce graphique émettra toutes les influences souhaitées.

Pour cela, vous placerez votre photo sur le graphique, juste au-dessus de la cigarette cassée qui marque le caractère irrévocable de votre décision.

PLUS EFFICACE QUE LE CAFÉ ! LE SCEAU DE SALOMON (page 213)

J'ai renouvelé l'expérience de nombreuses fois et, cela ne fait aucun doute pour moi, le Sceau de Salomon c'est 10 fois plus efficace que le café, les palpitations en moins…

POUR FACILITER VOTRE SOMMEIL (page 215)

Les troubles du sommeil sont un des points noirs du sevrage. Ce dessin actif, placé dans votre chambre, à 10 mètres maximum de votre lit (de préférence en position nord sud) vous permettra de retrouver un sommeil paisible et réparateur.

Ce dessin actif est efficace dès la première nuit.

Important : vous n'aurez aucune interruption dans le processus du rêve (indispensable pour vivre en santé) ni aucun problème pour vous réveiller au matin.

Si vous désirez utiliser ce dessin sans être en position allongée (pour une sieste dans un fauteuil, par exemple). Il est souhaitable, pour bénéficier au maximum de son influence, de vous placer face à l'ouest, les pieds étendus dans cette direction.

L'ÉMETTEUR D'ONDES BÉNÉFIQUES

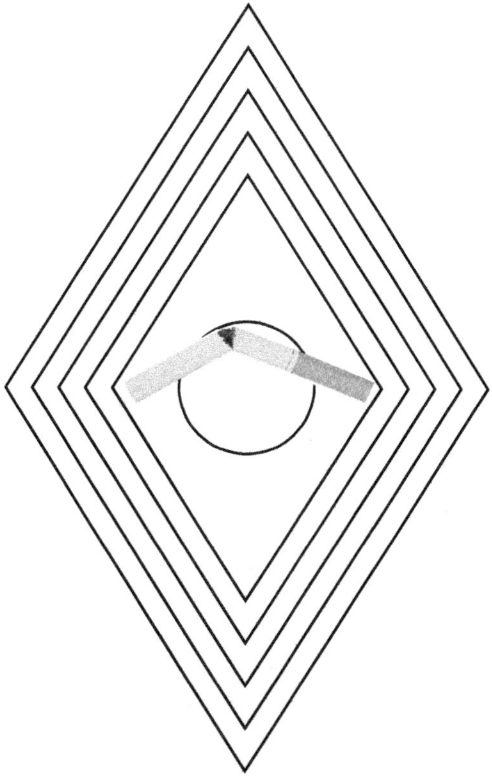

LE SCEAU DE SALOMON POUR VOUS REVITALISER

Placez votre photo d'identité au centre du Sceau de Salomon. La pointe blanche (positive) orientée vers le nord magnétique.

Vous définirez le nord magnétique grâce à une boussole. À défaut, placez une lame de rasoir gilette dans un verre d'eau, la flèche gravée sur la lame se dirigera automatiquement vers le nord magnétique.

POUR FACILITER VOTRE SOMMEIL

Placez votre photo sur les grands cercles concentriques mais le visage tourné vers les petits cercles extérieurs. Vous pouvez aussi, comme pour les losanges, placer une cigarette cassée sur les petits cercles intérieurs.

LE BOUCLIER ANTI-RECHUTE

Ce graphique stimulera vos mécanismes d'autodéfense. **Il vous aidera à supporter l'état de manque et à éviter les rechutes.**

Pour cela, placez votre photo ou celle de la personne que vous désirez au centre et, en quelques minutes, votre désir de cigarette partira en fumée.

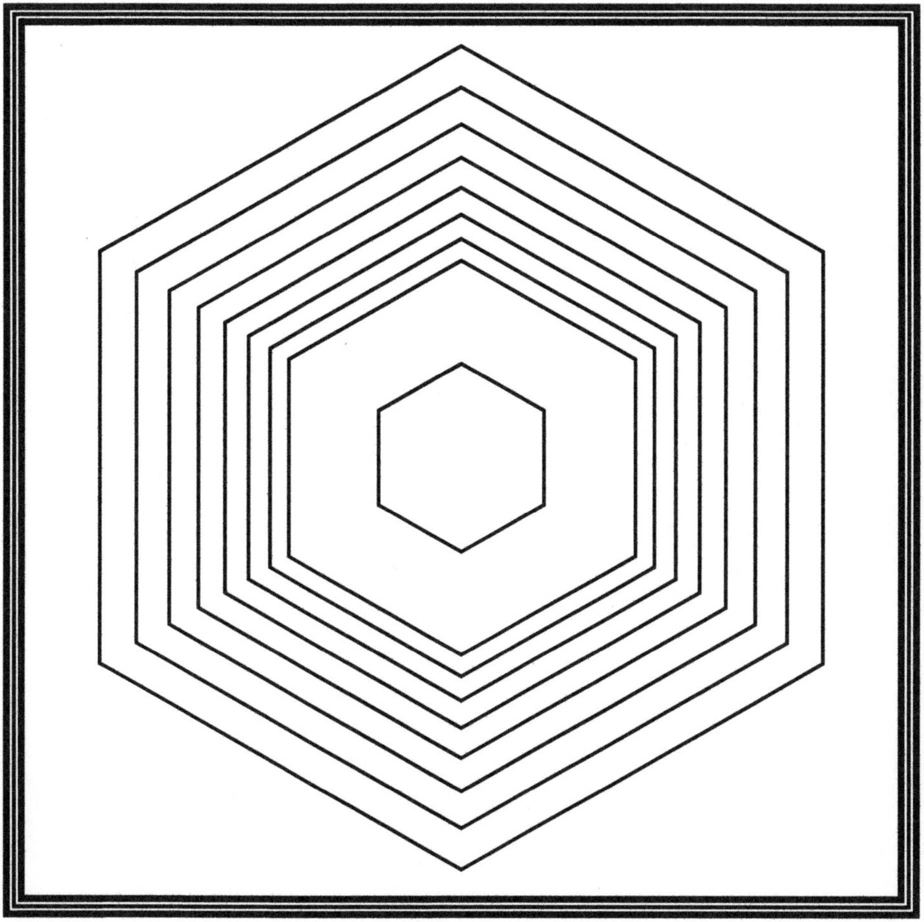

Conclusion

UNE AFFAIRE D'HONNEUR

Le tabac est dévastateur certes, mais les campagnes qui dénoncent ses méfaits sont si agressives, les émissions, livres et articles qui lui sont consacrés sont si nombreux qu'ils ont engendré, en contrepoint, un créneau fort juteux : celui des justiciers en blouse blanche (ou presque) qui en veulent davantage à notre bel argent qu'à notre bonne santé.

Le phénomène ressemble à s'y méprendre à celui de l'obésité qui crie haro sur nos rondeurs depuis des lustres : ces deux fléaux des temps modernes voient fleurir, chaque jour, de nouvelles thérapies et de nouveaux thérapeutes dans le plus grand désordre et la plus extrême fantaisie.

C'est pourquoi étant incapable de trier le bon grain de l'ivraie, j'ai choisi, de vous présenter **des méthodes naturelles, anciennes ou modernes.**

Des méthodes qui ont fait leurs preuves et que vous pouvez expérimenter seul et à peu de frais.

Après tout, votre première cigarette, personne ne l'a fumée à votre place alors pourquoi faudrait-il que la dernière vous soit retirée de la bouche par un inconnu qui s'en moque comme de colin-tampon !

Elle vous a donné du plaisir, la gueuse, mais vous êtes conscient aujourd'hui que c'est trop cher payé : alors... donnez-lui congé vous-même : c'est une affaire d'honneur !

UNE RUPTURE INÉVITABLE

J'espère, au fil de ces pages y avoir contribué en vous remémorant les plaisirs démodés et subtils des tisanes, celui des fugues fleuries du Dr Bach, des essences champêtres du bon Docteur Nature, des raffinements d'un bain d'algues ou des eaux sulfureuses d'une source jaillissante.

Et si ni le jardin du Bon Dieu, ni le royaume de Neptune n'ont suffit à chasser l'importune : plonger dans les méandres de votre inconscient vous aura, je l'espère, convaincu, que la rupture était inévitable.

Table des Matières

DEUXIÈME PARTIE
Les aides naturelles au sevrage

Chapitre 3

Chapitre 4

Chapitre 12

Conclusion

Mobiliser toutes les ressources de notre inconscient pour triompher des obstacles est désormais chose possible.

Chacun de nous, sans le savoir, possède en lui l'âme d'un(e) battant(e). Les prodigieuses ressources de notre inconscient ne demandent qu'à être éveillées. Elles sont quasiment infinies. Vous pouvez les solliciter à tout instant de votre existence pour surmonter tous les obstacles. Il existe pour cela des méthodes imparables qui nous mettent en contact avec nos énergies secrètes. Respirations, relaxations, méditations sont des clés qu'il faut savoir utiliser, car ces techniques recèlent un potentiel explosif. Après un livre sans concessions sur la télépathie, Stéphane Crussol nous révèle les secrets de l'auto-hypnose, à l'usage de tous ceux et de toutes celles qui ne veulent plus subir, mais devenir les acteurs de leur vie. Développer sa puissance mentale, assainir notre rapport avec l'argent pour qu'il circule librement dans notre vie, apprendre à aimer et à être aimé, vaincre nos angoisses les plus profondes, s'affranchir d'une dépendance (tabac, alcool, etc.), accroître sa volonté et son influence sur les autres, mincir efficacement sans rechute, lutter contre le stress, terrasser l'insomnie, mieux exprimer sa libido : tels sont quelques-uns des sujets traités sous forme d'exercices pratiques que chacun pourra accomplir. Ils ne nécessitent aucune connaissance préalable et il vous sera agréable de les pratiquer. Votre subconscient sait ce qui vous convient, mais les schémas dans lesquels vous avez été enfermés ne vous permettent pas de jouir totalement de la vie et d'exprimer pleinement votre potentiel. Osez tourner définitivement le dos à la fatalité. Ce livre, à chaque page, vous en donne la possibilité concrète. Une cassette, un magnétophone et un peu de concentration, c'est tout ce dont vous aurez besoin pour accomplir sans plus tarder de véritables miracles. Il vous suffit pour cela de suivre point par point les instructions extrêmement détaillées de ce livre **GUIDE PRATIQUE D'AUTO-HYPNOSE**.

Prix : **15 €**

Imprimé en France par
CPI Bussière
en mars 2025
N° d'impression : 2083818